Brot backen

Monika Cremer & Silvia Faller

Abwechslung im Brotkorb gefragt? Kein Problem. Zeit und ein wenig Planung – viel mehr braucht man nicht, um ein gutes Brot zu backen. So kann es mal ein Klassiker aus Vollkorn sein, mal ein Weißbrot wie bei Großmutter und wieder ein anderes Mal überraschen Sie Ihre Gäste mit einem selbst gebackenen Ciabatta. Haben Sie Lust bekommen? Schauen Sie rein!

Inhalt

Alle Rezepte auf einen Blick

	Seite	kcal je Scheibe	Sauerteig	Hefe	Backferment	Nüsse/Samen	Vollkorn	Ballaststoffe	einfach	für Gäste
Roggensauerteigbrot	12	120	+				+	+		
Gewürzsauerteigbrot	14	140	+					+		+
Dinkelvollkornbrot	16	110		+			+	+	+	
Weizenbrot	17	90			+			+		
Weizenmischbrot	18	110	+	+					+	
Weizenschrotbrot	19	120			+		+	+		
Herzhaftes Weißbrot	20	80		+					+	+
Kastenweißbrot	21	120		+					+	+
Gerstenmischbrot	22	140	+	+				+	+	
Buchweizenbrot	23	90		+		+	+		+	+
Haferbrot	24	90		+					+	+
Grünkernbrot	25	110			+			+		+
Körniges Mehrkornbrot	26	110	+	+		+	+	+		
Möhrenbrot	28	100	+	+		+	+	+		+
Kleiebrot	29	100	+	+				+		
Mohnbrot	30	110			+	+	+	+		+
Hirsebrot	32	130		+				+	+	
Sojaschrotbrot	33	120		+				+		+
Leinsamenbrot	34	150	+	+		+	+	+		
Weizenkeimbrot	36	120		+		+		+	+	+
Kümmel-Bier-Brot	37	120			+			+		+

	Seite	kcal je Stück (*)/ Scheibe	Sauerteig	Hefe	Backferment	Nüsse/Samen	Vollkorn	Ballaststoffe	einfach	für Gäste
Vollkorn-Sprossen-Brot	38	110	+	+		+	+	+		
Guten-Morgen-Stuten	40	200		+		+				+
Osterbrot	42	110		+					+	+
Quarkstuten	43	120		+		+			+	+
Schnelle Minibrötchen	44	90					+	+	+	+
Gerollte Kräuterbrötchen	45	140		+			+	+		+
Walnusskranz	46	1940*		+		+		+	+	+
Kartoffelfladen	47	1130*		+						+
Kürbiskernstangen	48	1250*	+	+		+			+	+
Roggenstangen	49	910*	+	+		+		+	+	+
Buttermilch-Safran-Schnecken	50	1130*		+		+			+	+
Bagels	51	150		+						+
Italienisches Rosmarinweißbrot	52	130		+					+	+
Ciabatta	54	1290*		+					+	+
Skandinavisches Knäckebrot	55	110	+	+		+		+	+	+
Süditalienisches Sauerteigbrot	56	100	+							+
Türkisches Fladenbrot	58	980*		+		+			+	+
Baguette	59	480*		+					+	+
Vinschgauer Fladenbrot	60	640*	+	+				+	+	+
Weizentortillas	61	100							+	+

Rezeptübersicht

Dem Geheimnis des Brotbackens auf der Spur

Brot ist nicht gleich Brot: Mehr als 300 Sorten gibt es allein bei uns im Land. Da findet jeder etwas für seinen Geschmack – und kann, wenn er möchte, sein Lieblingsbrot selbst backen. Doch ob es gelingt, hängt nicht nur von den Zutaten ab. Auch die Handwerkskunst ist entscheidend.

Vielerlei Mehl

Weizen, Roggen, Gerste, Dinkel, Mais – verschiedene Getreidesorten liefern verschiedene Mehle. Aber nicht alle sind gleich gut zum Backen geeignet. Vor allem der Kleber – ein spezielles Eiweiß – bewirkt, dass der Teig elastisch wird und das Brot eine poröse, stabile Krume bekommt. Dieses Klebereiweiß findet man vor allem im Weizen, wobei in den einzelnen Weizensorten und Typen unterschiedlich viel davon enthalten ist. In Roggen, Gerste oder Hafer sind die Mengen geringer, in Mais und Reis kommt er gar nicht vor. Deshalb müssen diese Mehle mit Weizenmehl oder Weizenkleber gemischt werden oder brauchen andere Techniken bei der Teigzubereitung.

Aber nicht nur verschiedene Sorten sind in den Regalen zu finden, sondern auch ganz spezielle Typen. Weizenmehl Type 405 ist das bekannteste. Als Brotmehl ist es jedoch nur eingeschränkt geeignet, da es weniger Kleber als beispielsweise die Type 550 enthält. Grundsätzlich weist die Typenzahl auf den Anteil an Kornrandschichten im Mehl hin. Je höher die Zahl, desto höher der Anteil. Vollkornmehle kommen ohne Typenangabe aus, hier wird das Korn komplett vermahlen. Die Type 405 ist auch mit unterschiedlichen Strukturen erhältlich. Das doppelgriffige Mehl ist feinkörnig und sehr quellfähig. Der Teig daraus wird besonders elastisch.

In den Rezepten sind die jeweils benötigten Typen angegeben. Wenn Sie diese nicht bekommen, können Sie natürlich eine höhere oder niedrigere Type nehmen. Das mehr oder weniger an Schalenanteil wirkt sich auf die Flüssigkeit aus, die für den Teig benötigt wird. Aber auch dann, wenn Sie die im Rezept empfohlene Type verwenden, kann die Flüssigkeitsmenge etwas von der Angabe im Rezept abweichen. Das liegt daran, dass der Feuchtigkeitsgehalt der Mehle schwankt.

Deshalb sollten Sie die Flüssigkeit in kleinen Portionen nur so lange zugeben, bis der Teig glatt ist. Ist der Teig zu feucht, noch etwas Mehl darunter kneten. Teige aus Vollkornmehl müssen leicht feucht sein, bevor sie gehen, denn die Schalenanteile quellen noch aus und binden dann Flüssigkeit.

Treibende Kräfte

Ohne Triebmittel bleibt jeder noch so gute Teig „sitzen". Flache Fladen sind das Ergebnis. Diese werden häufig frittiert oder gebraten, wie Tortillas oder verschiedene Brote, die aus Indien stammen. Die Brotklassiker aus unseren Regionen kommen dagegen ohne zusätzliche Mittel, die den Teig nach oben treiben, nicht aus.

Hefe ist eines der bekanntesten Triebmittel. Dabei handelt es sich um kleinste Lebewesen, genauer gesagt um Pilze. Sie vermehren sich im Teig und vergären Zucker. Es entstehen Aromastoffe, vor allem aber Kohlendioxid und Alkohol, der verdampft. Kleine gasgefüllte Bläschen lassen den Teig aufgehen und die Krume erhält eine lockere Porung. Damit die Hefe optimal arbeiten kann, braucht sie Wärme, am besten 24–35 °C. Ist es etwas kälter, arbeiten die Hefepilze langsamer, der Teig bekommt aber ein besonders gutes Aroma und reift geschmacklich.

Zum Brotbacken eignet sich sowohl Trockenhefe als auch frische Hefe. Frische Hefe und Trockenhefe ohne Emulgator werden in Flüssigkeit aufgelöst. Trockenhefe mit Emulgator können Sie direkt ins Mehl streuen. In welchem Verhältnis frische Hefe gegen das Trockenprodukt austauschbar ist, variiert je nach Hersteller. Entnehmen Sie den Wert bitte der Packungsangabe.

Sauerteig macht den Teig im wahrsten Sinne des Wortes sauer, lässt ihn aber auch aufgehen. Das ist Kleinstlebewesen zu verdanken, vor allem Milch- und Essigsäurebakterien sowie Hefen. Während die Bakterien den Teig überwiegend säuern, sorgen die Hefen dafür, dass der Teig locker wird.

Man kann fertigen Sauerteig flüssig oder trocken kaufen. Er gibt dem Brot den charakteristischen Geschmack und macht lange

Gärprozesse überflüssig. Der Zusatz von Hefe ist nötig, um den Teig zum Gehen zu bringen. Zieht man den Sauerteig selbst heran, wird die von Natur aus vorhandene Mikroflora in verschiedenen Stufen vermehrt. Das braucht Zeit und deshalb dauert die Sauerteigzubereitung länger als die des Hefeteigs. Selbst gemachter Sauerteig hält sich im Kühlschrank in einem verschlossenen Glas einige Tage, er lässt sich auch gut einfrieren. Übrigens wird Roggenmehl nicht nur wegen des Geschmacks mit Sauerteig verarbeitet. Die Säuerung macht den Roggen erst backfähig und bewirkt, dass die Porung stabil bleibt.

Backferment ist in Reformhäusern und Bioläden erhältlich. Es arbeitet ähnlich wie Sauerteig und enthält Säurebakterien, Nektarhefen und Fermente des Honigs. Es ist nötig, aus einem Teil des Backferments zuvor einen säuerlichen Grundansatz herzustellen, der dann beim Brotbacken mit frischem Backferment gemischt und verarbeitet wird (siehe Herstellerangaben).

Spezielle Zutaten für mehr Erfolg

Lecithin ist ein natürlicher Emulgator und hat die Eigenschaft Fett und Wasser zu verbinden. Das ist auch im Teig gewünscht. Vor allem wenn man Fett, Nüsse oder Samen

Auch **Vitamin C** (Ascorbinsäure) verbessert die Backeigenschaften. Schon kleine Mengen machen den Teig elastischer und erhöhen die Stabilität des Klebernetzes. Vitamin C ist in Pulverform in Apotheken erhältlich.

Doppelt geknetet ist besser

In der Regel sollen Brotteige zweimal geknetet werden. Das gilt nicht nur für Hefebrote, sondern auch für Sauerteige und Teige mit Backferment, denn immer sind Hefen mit im Spiel, die den Teig zum Gehen bringen.

Das erste Kneten dient vor allem der möglichst gleichmäßigen Verteilung mehleigener Enzyme, die die Stärke in Malzzucker aufspalten. Dieser ist Nahrung für die Hefepilze und lässt sie richtig aktiv werden. Wenn sie es dann schön warm haben, arbeiten sie heftig und vermehren sich reichlich.

Das zweite Kneten hilft den neu gebildeten Hefepilzen, sich im Teig gleichmäßig zu verteilen. In einem zweiten Gärungsprozess werden sie erneut aktiv. Keine Scheu also, einen prallen Teigklumpen beim zweiten Kneten wieder auf sein Ausgangsvolumen zurückzuwalken – das lässt ihn später umso besser aufgehen.

zum Mehl gibt. Aber auch im Korn selbst steckt Fett – besonders im Keim und in der Schale. Deshalb sind Vollkornmehle im Verhältnis zu den hellen Mehlen fettreicher. Der Zusatz von Lecithin ist nicht notwendig, er verbessert aber bei fettreichen Teigen die Backeigenschaften. Das Brot bleibt länger frisch und wird weniger schnell altbacken. Man bekommt das Lecithin in der Apotheke oder in manchen Drogerien.

Weizenkleber ist ein natürlicher Bestandteil des Weizens, ein Eiweiß. Es quillt im Teig auf, entfaltet sich beim Kneten und bildet eine Art Netz, in dem Luft und Kohlendioxidbläschen festgehalten werden. Ist von Natur aus wenig Kleber im Mehl enthalten, wie bei Hafer, Hirse oder Roggen, kann man diese Mehle mit Weizenmehl mischen oder Weizenkleber zusetzen, um die Backeigenschaften zu verbessern. Bis zu 10 % der Mehlmenge können Sie an Kleber zugeben. Weizenkleber, der auch Gluten heißt, erhalten Sie im Reformhaus oder in manchen Drogerien.

Das **Handrührgerät** kommt beim ersten Kneten oft zum Einsatz. Mit den Knethaken lassen sich die einzelnen Zutaten gut mischen und kurz kneten. Dann geht es fast immer mit den Händen weiter. Nur besonders feuchte Teige müssen elektrisch zu Ende geknetet werden. Unbedingt darauf achten, dass das Gerät nicht überhitzt. Schalten Sie es besser immer wieder für ein paar Minuten ab (Herstellerangaben beachten).

Die **Küchenmaschine** darf nur benutzt werden, wenn Fassungsvermögen und Motorleistungsfähigkeit zur Brotteigherstellung geeignet sind (Herstellerangaben beachten).

Mit den Händen kneten ist beim Brotbacken unverzichtbar. Auch wenn maschinell vorgeknetet wird, muss der Hobbybäcker noch mal mit Muskelkraft ans Werk. Nur so kann er fühlen, wann die richtige Teigbeschaffenheit erreicht ist. Am besten wird auf einer bemehlten Arbeitsfläche geknetet, die nicht zu hoch ist. Mit dem Gewicht des Oberkörpers auf beide Handballen drücken. Das schont Sehnen und Handgelenke. Den Teig immer wieder umschlagen und walken.

Das erste Kneten sollte etwa 10 Minuten dauern. Beim zweiten Mal kann es kürzer sein. Meist sind die Teige zunächst klebrig. Das gibt sich mit zunehmender Bearbeitung. Etwas Mehl an den Händen und auf der Arbeitsfläche erleichtert das Kneten. Bleibt der Teig auch nach längerem Kneten feucht, etwas mehr Mehl unterarbeiten. Löst er sich leicht von der Arbeitsfläche und ist geschmeidig und glatt, ist er fertig zum Gehen. Teige aus hellen Weizenmehlen sind immer elastischer als z. B. Vollkornteige.

Gehen und Gären – das gibt Auftrieb

Bei 24–35 °C fühlen sich Backhefen so richtig wohl – sie arbeiten optimal und der Teig geht in recht kurzer Zeit (kurze Teigführung) gut auf. Eine warme Küche, ein Heizungskeller, ein Tisch neben dem Heizkörper, ein Wasserbad, eine Wärmflasche oder ein Platz an der Sonne bieten einem Hefeteig ideale Bedingungen. Auch im Backofen bei 50 °C Umluft und bei nicht ganz geschlossener Tür herrschen gute Bedingungen zum Gehen. Wichtig ist immer, dass die Teigtemperatur auf keinen Fall 40 °C überschreitet – das wäre das Aus für die Hefen. Für das Gären des Sauerteigs ist es am besten, wenn eine Temperatur von etwa 28 °C über mehrere Tage konstant gehalten wird. Meist kommt dafür nur ein Heizungskeller in Frage.

Es ist auch möglich, Hefeteige bei niedrigen Temperaturen gehen zu lassen. Sogar im Kühlschrank können sie arbeiten. Das dauert dann natürlich seine Zeit (8–24 Stunden).

Den Zeitpunkt der richtigen Gare zu bestimmen, d. h., wenn der Teig ausreichend gegangen ist, ist Gefühlssache. Geht der Teig nicht ausreichend, bleibt das Brot fest. Geht er zu lange, schmeckt das Brot kräftig nach Hefe. Ist der Teig überreif, kann er in sich zusammenfallen – verraschen. Als Fingerprobe (siehe Foto oben) können Sie eine Delle in den Teig drücken. Schließt sie sich schnell, darf der Teig noch gehen. Gleicht sie sich nur langsam aus, ist die Gare abgeschlossen. Letztendlich ist die Zeit zum Gehen vor allem von der Temperatur abhängig.

Beim Gehen darf der Brotteig nicht austrocknen. Als Gefäße eignen sich große Kunststoffschüsseln mit Deckel gut – es gibt auch spezielle Hefeteigschüsseln. Herkömmliche Plastikschüsseln können z. B. mit einem Stück Aluolie dicht verschlossen werden. Befindet sich das Brot beim zweiten Gehen in einer Form, muss diese mit Alufolie bedeckt werden. Die Folie mit Öl bestreichen, damit der Teig nicht festklebt. Freigeschobene Brote (ohne Form) und Brötchen mit Mehl bestäuben und mit einem Handtuch bedecken.

Ab in den Ofen!

Innen elastisch und außen schön knusprig, so soll ein Brot sein. Beim Backen wird der Teig dem Einfluss von Hitze und Feuchtigkeit ausgesetzt. Durch hohe Temperaturen dehnen sich die Gase im Brotteig aus. Zudem werden die Hefen ein letztes Mal aktiv. Der Teig geht nochmals auf (Ofengare). Die Stärke quillt auf, die Eiweiße (vor allem das Klebereiweiß) gerinnen und verfestigen sich. Dadurch bildet sich die weiche Brotkrume.

Auf der äußeren Schicht des Brotlaibs verkleistern Stärke und Klebereiweiß fast vollständig – die Kruste entsteht. Voraussetzung dafür ist, dass es im Ofen feucht genug ist. Anders als beim Kuchenbacken ist beim Brotbacken eine hohe Luftfeuchtigkeit im Ofen nötig. In Profibacköfen kann man deshalb je nach Bedarf Wasserdampf (Schwaden) einleiten. Im Haushaltsofen behilft man sich so: Ein tiefes Blech (Fettpfanne) auf der untersten Schiene in den vorgeheizten Ofen schieben. Kurz bevor das Brot in den Ofen kommt, kochendes Wasser auf das Blech schütten. Topfhandschuh tragen, da Sie sich sonst verbrühen könnten. Es gibt auch Backöfen, die am Boden eine Vertiefung haben, in die das Wasser direkt gegeben werden kann. Eventuelle Kalkrückstände auf Blechen und im Ofen mit Essig oder Zitronensaft abreiben. Den Essig nicht einwirken lassen, Email und andere Beschichtungen könnten beschädigt werden.

Karamellisierungsprozesse und andere Reaktionen an der Oberfläche sorgen dafür, dass die Kruste bräunt und gut schmeckt. Geschmacks- und Aromastoffe bilden sich. Durch das Bestreichen mit Stärkelösung, Eiweiß oder Milch werden diese Vorgänge unterstützt.

Damit die Kruste später beim Schneiden nicht splittert, wird das Brot, kurz bevor es aus dem Ofen genommen wird, mit warmem

Wasser besprüht. Kunststoffflaschen mit Zerstäuber eignen sich dafür am besten. Das Wasser einfüllen, die Ofentür öffnen, das Brot kräftig besprühen, Tür schließen und das Brot noch einen Moment im Ofen lassen.

Wie heiß muss es im Ofen sein? Brot wird in den meisten Fällen bei Temperaturen zwischen 200 °C bis maximal 250 °C gebacken. Nur in Ausnahmefällen liegt die Temperatur unter 200 °C. Roggenbrot wird schärfer gebacken als solches aus Weizen und anderen Mehlsorten. Oft bäckt das Brot bei hoher Temperatur an, die dann im Laufe des Backprozesses reduziert wird. Der Ofen muss rechtzeitig (meist auf höchster Stufe) vorgeheizt werden.

Wie lange bäckt ein Brot? Dafür gibt es eine einfache Faustregel: 1 kg Brotteig sollte 1 Stunde im Ofen bleiben. Fertig gebacken ist ein Brot, wenn es beim Klopfen mit den Fingerknöcheln auf die Unterseite des Brotes einen hohlen Klang gibt.

In der Form gebackenes Brot immer einige Minuten darin abkühlen lassen und erst dann herausnehmen. Brot und Brötchen stets aus der Form und vom Blech nehmen und auf einem Gitterrost auskühlen lassen. So kann die Feuchtigkeit ringsherum entweichen und die Kruste bleibt weiterhin schön knusprig.

Den Teig in Form bringen

Brotteig kann in vielen Formen gebacken werden. Kastenkuchenformen (25 und 30 cm lang) und Springformen eignen sich ebenso wie Auflaufformen oder ein Römertopf ohne Deckel. Wichtig ist, dass beim Backen eines Sauerteigbrots die Form säurebeständig ist. Metallformen sollten dunkel beschichtet sein, da das Brot in Weißblechformen unerwünscht hell bleibt.

Natürlich gibt es auch spezielle Brotbackformen, meist große Kastenformen. Für die Brote im Buch wurden eine schmale 35 cm lange und eine breite ausziehbare (etwa 14 cm breit und 28–40 cm lang) Brotbackform verwendet. Schließlich gibt es noch so genannte Brotbackkörbe. In ihnen lässt man die Brote gehen. Zum Backen werden sie auf ein Blech gestürzt. Wer oft Brot backt, sollte sich eine Spezialform anschaffen.

Bei einem entsprechend festen Teig ist es möglich, das Brot freizuschieben. Das heißt: mit den Händen einen Laib formen, auf ein Blech legen und backen.

Die Formen immer ausfetten und gegebenenfalls mit Mehl bestäuben. Brotbackkörbe nur bestäuben. Bleche fetten oder mit Backpapier auslegen, damit das Gebäck nicht kleben bleibt.

Die Rezepte

Roggensauerteigbrot

○ Sauerteig
○ Hefe
○ Backferment
○ Nüsse/Samen
○ Vollkorn
○ Ballastst.
○ einfach
○ für Gäste

Zutaten

1 EL probiotischer Naturjoghurt ·
675 ml lauwarmes Wasser ·
100 g Roggenmehl Type 997

500 g feines Roggenvollkornmehl · 400 g feiner Roggenvollkornschrot · 4 TL Salz

etwas Roggenvollkornmehl für
die Arbeitsfläche und den Backkorb

etwa 350 ml kochendes Wasser
für den Ofen

Für 1 Brot (25 Scheiben)
Zubereitungszeit: ca. 45 Min.
Zeit zum Gären: ca. 4 1/2 Tage
Zeit zum Gehen: ca. 3 Std.
Backzeit: ca. 1 Std.
ca. 120 kcal je Scheibe

1 Joghurt, 100 ml lauwarmes Wasser und 50 g Roggenmehl klumpenfrei verrühren und alles in ein sauberes Schraubglas geben. Das Glas gut verschließen und den Ansatz bis zu 3 Tage (maximal 72 Stunden) an einem warmen Ort (28 °C) gären lassen. Das Ganze von Zeit zu Zeit umrühren.

2 Wenn der Teig deutlich gärt und säuerlich riecht, nochmals 100 ml lauwarmes Wasser und 50 g Roggenmehl darunter rühren. Das Glas verschließen und den Ansatz an einem warmen Ort (28 °C) etwa 1 Tag (maximal 24 Stunden) gären lassen.

3 Sobald vermehrt Gärblasen aufsteigen und der Ansatz sauer riecht, kann er weiterverarbeitet werden. Rund 250 g Roggenvollkornmehl, 200 g Roggenvollkornschrot und das Salz in einer großen Schüssel mischen. Den Sauerteigansatz und 350 ml lauwarmes Wasser mit den Knethaken eines Handrührgeräts darunter arbeiten und alles noch etwa 2 Minuten weiterkneten (Überhitzung des Geräts vermeiden).

4 Die Schüssel verschließen und den Teig an einem warmen Ort (28 °C) 8–12 Stunden gären und gehen lassen. Wenn „Bewegung" im Teig ist und sein Volumen zugenommen hat, kann er weiterverarbeitet werden.

5 Die restlichen 250 g Roggenvollkornmehl und die restlichen 200 g Roggenvollkornschrot sowie 125 ml lauwarmes Wasser mit den Knethaken eines Handrührgeräts darunter arbeiten. Den Teig mit den Händen auf einer bemehlten Arbeitsfläche etwa 5 Minuten kneten. Dann einen Brotbackkorb (etwa 32 cm lang) mit Roggenvollkornmehl bestäuben, den Teig zu einem Laib formen und hineinlegen. Abdecken und an einem warmen Ort etwa 3 Stunden gehen lassen.

6 Den Backofen auf höchster Stufe vorheizen. Ein tiefes Blech unten in den Ofen schieben und mit rund 350 ml kochendem Wasser füllen. Das Brot auf ein mit Backpapier belegtes Blech stürzen und auf der zweiten Schiene von unten in den Ofen schieben. Die Temperatur auf 250 °C (Gas Stufe 5) einstellen, nach 10 Minuten auf 220 °C (Gas Stufe 3–4) herunterschalten und das Brot noch etwa 50 Minuten backen. Kurz vor Ende der Backzeit mit warmem Wasser besprühen.

Tipp
Wer keinen Brotkorb hat, kann den Teig vor dem Gehen auch in eine gefettete Kastenform (30 cm lang) oder in eine schmale Brotbackform (35 cm lang) legen, mit etwas Wasser bestreichen, mehrfach quer einschneiden und mit Roggenvollkornmehl bestäuben. Die Form abdecken und das Brot wie beschrieben gehen lassen und backen.

Gewürzsauerteigbrot

- Sauerteig
- Hefe
- Backferment
- Nüsse/Samen
- Vollkorn
- Ballastst.
- einfach
- für Gäste

1 Den Joghurt, 100 ml Wasser und 50 g Roggenmehl klumpenfrei verrühren und alles in ein sauberes Schraubglas geben. Das Glas gut verschließen und den Ansatz bis zu 3 Tage (maximal 72 Stunden) an einem warmen Ort (28 °C) gären lassen. Das Ganze von Zeit zu Zeit umrühren.

2 Wenn der Teig deutlich gärt und säuerlich riecht, nochmals 100 ml Wasser und 50 g Roggenmehl darunter rühren. Das Glas verschließen und den Ansatz an einem warmen Ort (28 °C) etwa 1 Tag (maximal 24 Stunden) gären lassen. Sobald vermehrt Gärblasen aufsteigen und der Ansatz sauer riecht, kann er weiterverarbeitet werden.

3 Etwa 150 g Roggen-, 150 g Dinkel- und 150 g Weizenmehl in einer großen Schüssel mischen. Den Sauerteigansatz und 300 ml lauwarmes Wasser mit den Knethaken eines Handrührgeräts darunter arbeiten und das Ganze noch etwa 2 Minuten kneten (Überhitzung des Geräts vermeiden).

4 Schüssel verschließen und den Teig an einem warmen Ort (28 °C) 8–12 Stunden gären und gehen lassen. Wenn „Bewegung" im Teig ist und sein Volumen zugenommen hat, kann er weiterverarbeitet werden.

5 Jeweils 150 g Roggen-, Dinkel- und Weizenmehl, das Salz und die Gewürze in einer Schüssel mischen. Den Teigansatz und 50 ml Wasser mit den Knethaken eines Handrührgeräts darunter arbeiten. Den Teig mit den Händen auf einer bemehlten Arbeitsfläche etwa 10 Minuten kneten.

6 Den Teig zu einem Laib formen, in eine gefettete Kastenform (30 cm lang) legen und mehrmals schräg einschneiden. Das Brot mit warmem Wasser bestreichen, die Gewürze aufstreuen und leicht festdrücken. Die Form abdecken und das Brot an einem warmen Ort etwa 3 Stunden gehen lassen.

Zutaten

1 EL probiotischer Naturjoghurt · 550 ml lauwarmes Wasser ·
400 g Roggenmehl Type 997
300 g Dinkelmehl Type 1050 · 300 g Weizenmehl Type 1050
3 ½ TL Salz · je 1 EL gem. Koriander, Kümmel, Anis und Fenchelsamen · etwas Roggenmehl für die Arbeitsfläche
etwas Margarine für die Form
je ½ TL Koriandersamen, Kümmelsamen, Anissamen und Fenchelsamen zum Bestreuen
etwa 350 ml kochendes Wasser für den Ofen

```
Für 1 Brot (25 Scheiben)
Zubereitungszeit: ca. 45 Min.
Zeit zum Gären: ca. 4 ½ Tage
Zeit zum Gehen: ca. 3 Std.
Backzeit: ca. 1 Std.
ca. 140 kcal je Scheibe
```

7 Den Backofen auf höchster Stufe vorheizen. Ein tiefes Blech unten in den Ofen schieben und mit etwa 350 ml kochendem Wasser füllen. Das Brot auf einen Gitterrost stellen und auf der mittleren Schiene in den Ofen schieben. Die Temperatur auf 240 °C (Gas Stufe 4–5) einstellen, nach 15 Minuten auf 200 °C (Gas Stufe 3) herunterschalten und das Brot noch etwa 50 Minuten backen. Kurz vor Ende der Backzeit mit warmem Wasser besprühen.

Tipp
Statt der Gewürze etwa 4 gestrichene EL Brotgewürz verwenden. Dabei handelt es sich um fertige Gewürzmischungen, die in Bioläden, Reformhäusern und in Supermärkten erhältlich sind.

Dinkelvollkornbrot

Zutaten

50 g Margarine · 550 g Dinkelvollkornmehl · 2 TL Zucker ·
1 P. Trockenhefe (ca. 7 g) ·
2 $\frac{1}{2}$ TL Salz ·
290 ml lauwarmes Wasser
etwas Dinkelvollkornmehl
für die Arbeitsfläche ·
etwas Margarine für die Form
etwa $\frac{1}{4}$ l kochendes Wasser für
den Ofen

Für 1 Brot (20 Scheiben)
Zubereitungszeit: ca. 20 Min.
Zeit zum Gehen: ca. 1 $\frac{1}{4}$ Std.
Backzeit: ca. 50 Min.
ca. 110 kcal je Scheibe

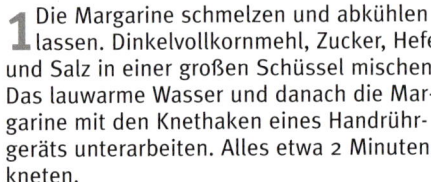

1 Die Margarine schmelzen und abkühlen lassen. Dinkelvollkornmehl, Zucker, Hefe und Salz in einer großen Schüssel mischen. Das lauwarme Wasser und danach die Margarine mit den Knethaken eines Handrührgeräts unterarbeiten. Alles etwa 2 Minuten kneten.

2 Den Teig herausnehmen und auf einer bemehlten Arbeitsfläche etwa 10 Minuten mit den Händen kneten. Einen Laib formen und in eine gefettete Kastenform (25 cm lang) legen. Das Brot mit einem Messer mehrmals schräg einschneiden, abdecken und an einem warmen Ort bis zu 1 $\frac{1}{4}$ Stunden gehen lassen. Sein Volumen sollte sich verdoppeln.

3 Den Backofen auf höchster Stufe vorheizen. Ein tiefes Blech unten in den Ofen schieben und mit etwa $\frac{1}{4}$ l kochendem Wasser füllen. Das Brot auf einen Gitterrost stellen und auf der zweiten Schiene von unten in den Ofen schieben. Die Temperatur auf 200 °C (Gas Stufe 3) zurückschalten. Das Brot etwa 50 Minuten backen und kurz vor Ende der Backzeit mit warmem Wasser besprühen.

Tipp
Statt des Dinkelvoll-
kornmehls können
Sie Weizenvollkorn-
mehl nehmen. Es soll-
te aber ganz fein ge-
mahlen sein.

Zutaten

1 TL Spezial-Backferment (Sekowa) · 1 geh. TL Grundansatz (Sekowa) · 350 ml warmes Wasser · 200 g Weizenmehl Type 1050

175 g feiner Weizenvollkornschrot · 175 g Weizenvollkornmehl · 1 TL gem. Koriander · 2 TL Salz

etwas Weizenvollkornmehl für die Arbeitsfläche

etwas Margarine für die Form

etwa 300 ml kochendes Wasser für den Ofen

Für 1 Brot (20 Scheiben)
Zubereitungszeit: ca. 45 Min.
Zeit zum Gären: ca. 12 Std.
Zeit zum Gehen: ca. 2 Std.
Backzeit: ca. 1 Std.
ca. 90 kcal je Scheibe

Weizenbrot

1 In einer großen Schüssel das Backferment mit dem Grundansatz in 200 ml warmem Wasser klumpenfrei auflösen. Das Weizenmehl dazugeben und alles verrühren. Die Schüssel verschließen und den Teigansatz mindestens 12 Stunden an einem warmen Ort gären lassen.

2 Den Weizenvollkornschrot, das Weizenvollkornmehl, den Koriander, das Salz und die restlichen 150 ml warmes Wasser dazugeben. Den Teig etwa 5 Minuten mit den Knethaken eines Handrührgeräts kneten (Überhitzung des Geräts vermeiden). Die Schüssel verschließen und den Teig etwa 1 Stunde an einem warmen Ort gären lassen.

3 Den Teig danach noch einmal kurz auf einer bemehlten Arbeitsfläche durchkneten, bei Bedarf noch etwas Weizenvollkornmehl dazugeben. Der Teig muss ganz glatt sein.

4 Den Teig in eine gefettete Kastenform (30 cm lang) geben und mit Wasser bestreichen. Die Form abdecken und den Teig 1 Stunde an einem warmen Ort gehen lassen.

5 Den Backofen auf höchster Stufe vorheizen. Ein tiefes Blech unten in den Ofen schieben und mit etwa 300 ml kochendem Wasser füllen. Die Form auf einen Gitterrost stellen und das Brot auf der zweiten Schiene von unten in den Ofen schieben. Nach 15 Minuten die Temperatur auf 170 °C (Gas Stufe 1–2) zurückschalten und das Brot in etwa 45 Minuten fertig backen. Das Brot kurz vor Ende der Backzeit mit warmem Wasser besprühen.

Sauerteig ⊖
Hefe ⊖
Backferment ⊕
Nüsse/Samen ⊖
Vollkorn ⊖
Ballastst. ⊕
einfach ⊖
für Gäste ⊖

Zutaten

500 g Weizenmehl Type 550 ·
250 g Roggenmehl Type 997 ·
$^1/_4$ TL Vitamin-C-Pulver ·
3 TL Salz · $^3/_4$ Würfel frische Hefe
(ca. 30 g) · 2 TL Zucker ·
425 ml lauwarmes Wasser
150 g Flüssigsauerteig
etwas Weizenmehl für die Arbeitsfläche und den Backkorb
etwa 350 ml kochendes Wasser
für den Ofen

Für 1 Brot (25 Scheiben)
Zubereitungszeit: ca. 30 Min.
Zeit zum Gehen: ca. 1 $^1/_2$ Std.
Backzeit: ca. 1 Std.
ca. 110 kcal je Scheibe

Weizenmischbrot

- ⊕ Sauerteig
- ⊕ Hefe
- ⊖ Backferment
- ⊖ Nüsse/Samen
- ⊖ Vollkorn
- ⊖ Ballastst.
- ⊕ einfach
- ⊖ für Gäste

1 Weizen- und Roggenmehl, Vitamin C und Salz in einer Schüssel mischen. Die Hefe zerbröseln und mit dem Zucker im lauwarmen Wasser auflösen.

2 Mit den Knethaken eines Handrührgeräts den Hefeansatz mit dem Flüssigsauerteig unter das Mehl arbeiten. Den Teig herausnehmen, mit den Händen auf einer bemehlten Arbeitsfläche etwa 10 Minuten kneten und in die Schüssel zurücklegen. Diese gut verschließen und den Teig an einem warmen Ort etwa 40 Minuten gehen lassen.

3 Den Teig auf einer bemehlten Arbeitsfläche etwa 5 Minuten mit den Händen kneten, einen Laib formen und in einen bemehlten schmalen Brotbackkorb (etwa 32 cm lang) legen. Den Laib abdecken und an einem warmen Ort etwa 50 Minuten gehen lassen, wobei das Volumen deutlich zunehmen sollte.

4 Den Backofen auf höchster Stufe vorheizen. Ein tiefes Blech unten in den Ofen schieben und mit etwa 350 ml kochendem Wasser füllen. Das Brot auf ein mit Backpapier belegtes Blech stürzen und auf der zweiten Schiene von unten in den Ofen schieben. Die Temperatur auf 220 °C (Gas Stufe 3–4) einstellen, nach 10 Minuten auf 200 °C (Gas Stufe 3) herunterschalten und das Brot noch etwa 50 Minuten backen. Kurz vor Ende der Backzeit mit warmem Wasser besprühen.

Variation
Aus dem einfachen Misch-
brot wird ein Sonnenblumenbrot. Kneten Sie etwa 150 g
Sonnenblumenkerne unter
den Teig.

Weizenschrotbrot

Sauerteig ⊖

Hefe ⊖

Backferment ⊕

Nüsse/Samen ⊖

Vollkorn ⊕

Ballastst. ⊕

einfach ⊖

für Gäste ⊖

Zutaten

1 geh. TL Spezial-Backferment
(Sekowa) · 1 TL Grundansatz
(Sekowa) · 650 ml warmes Wasser · 450 g groben Weizenschrot ·
500 g feines Weizenvollkornmehl
4 TL Salz

etwas Margarine für die Form
etwa 300 ml kochendes Wasser
für den Ofen

Für 1 Brot (25 Scheiben)
Zubereitungszeit: ca. 40 Min.
Zeit zum Gären: ca. 12 Std.
Zeit zum Gehen: ca. 2 ¹/₂ Std.
Backzeit: ca. 70 Min.
ca. 120 kcal je Scheibe

1 In einer großen Schüssel das Backferment mit dem Grundansatz in 400 ml
Wasser klumpenfrei auflösen. Etwa 250 g
Weizenschrot und 150 g Weizenvollkornmehl
hinzufügen und alles zu einer glatten Masse
verrühren. Die Schüssel gut verschließen
und den Ansatz mindestens 12 Stunden an
einem warmen Ort gären lassen. Die restlichen 200 g Weizenschrot in den verblei-
benden 250 ml Wasser über Nacht im Kühlschrank einweichen.

2 Weizenschrot, die restlichen 350 g Weizenvollkornmehl und Salz in einer großen
Schüssel mischen. Mit den Knethaken eines
Handrührgeräts den Teigansatz darunter arbeiten. Der Teig ist recht feucht, deshalb mit
den Knethaken etwa 5 Minuten kneten
(Überhitzung des Geräts vermeiden). Die
Schüssel gut verschließen. Den Teig an einem warmen Ort etwa 1 Stunde gehen
lassen.

3 Den Teig auf einer gut bemehlten Arbeitsfläche mit den Händen leicht kneten. Einen Laib formen, in eine gefettete
Kastenform (30 cm lang) legen und mehrmals schräg einschneiden. Die Form abdecken und das Brot an einem warmen Ort
etwa 1 ¹/₂ Stunden gehen lassen. Das Volumen sollte leicht zunehmen.

4 Den Backofen auf höchster Stufe vorheizen. Ein tiefes Blech unten in den Ofen
schieben und mit etwa 300 ml kochendem
Wasser füllen. Die Form auf einen Gitterrost
stellen und auf der zweiten Schiene von unten in den Ofen schieben. Die Temperatur
auf 220 °C (Gas Stufe 3–4) einstellen, nach
10 Minuten auf 200 °C (Gas Stufe 3) herunterschalten und das Brot etwa 1 Stunde
backen.

Herzhaftes Weißbrot

○ Sauerteig

● Hefe

○ Backferment

○ Nüsse/Samen

○ Vollkorn

○ Ballastst.

● einfach

● für Gäste

Zutaten

$^1\!/_2$ Würfel frische Hefe (ca. 20 g) · 1 TL Honig · 250 ml lauwarmes Wasser

500 g Weizenmehl Type 812 oder 550 · 1 TL Lecithin · 50 g weiche Margarine · 2 TL Salz · etwas Weizenmehl für die Arbeitsfläche

etwas Margarine für die Form

etwa 300 ml kochendes Wasser für den Ofen

Für 1 Brot (25 Scheiben)
Zubereitungszeit: ca. 35 Min.
Zeit zum Gehen: ca. 1 $^1\!/_2$ Std.
Backzeit: ca. 40 Min.
ca. 80 kcal je Scheibe

1 Zunächst die Hefe zusammen mit dem Honig in dem lauwarmen Wasser auflösen.

2 Das Mehl mit dem Lecithin in eine Schüssel geben. Den Hefeansatz zum Mehl geben, die Margarine in Flocken darauf setzen und das Salz darüber streuen. Alles zuerst mit den Knethaken eines Handrührgeräts mischen. Den Teig auf einer bemehlten Arbeitsfläche mit den Händen etwa 5 Minuten kneten, dann in die Schüssel legen, diese verschließen und den Teig etwa 30 Minuten gehen lassen.

3 Den Teig herausnehmen, auf einer bemehlten Arbeitsfläche wieder kurz durchkneten und in 8 Stücke teilen. Die Teigstücke leicht oval formen und in Zweierreihen in eine gefettete Kastenform (30 cm lang) setzen. Die Form abdecken und den Teig erneut etwa 1 Stunde gehen lassen.

4 Den Backofen auf 200 °C (Gas Stufe 3) vorheizen. Ein tiefes Backblech unten in den Ofen schieben und mit 300 ml kochendem Wasser füllen. Das Brot auf einen Gitterrost stellen und auf der zweiten Schiene von unten in den Backofen schieben. Das Brot etwa 40 Minuten backen. Sollte es zu dunkel werden, das Brot mit einem Stück Alufolie abdecken.

Zutaten

750 g Weizenmehl Type 550 oder
1050 · 3 TL Salz · ¼ TL Vitamin-
C-Pulver · ¾ Würfel frische Hefe
(ca. 30 g) · 1 TL Zucker ·
½ l lauwarme Milch

etwas Weizenmehl für die
Arbeitsfläche

Margarine für die Form

100 ml Wasser · ½ TL Kartoffel-
stärke · ¼ l kochendes Wasser
für den Ofen

Für 1 Brot (25 Scheiben)
Zubereitungszeit: ca. 25 Min.
Zeit zum Gehen: ca. 1 ¼ Std.
Backzeit: ca. 45 Min.
ca. 120 kcal je Scheibe

Kastenweißbrot

1 Mehl, Salz und Vitamin C in einer großen Schüssel mischen. Die Hefe zerbröseln und mit dem Zucker in der Milch auflösen.

2 Mit den Knethaken eines Handrührgeräts den Hefeansatz unter das Mehl arbeiten. Den Teig auf einer bemehlten Arbeitsfläche etwa 10 Minuten kneten und in die Schüssel legen. Diese gut verschließen und den Teig an einem warmen Ort etwa 45 Minuten gehen lassen.

3 Den Teig auf einer bemehlten Arbeitsfläche etwa 5 Minuten kneten, einen Laib formen und in eine gefettete breite Brotbackform (30 cm lang) legen. Die Form abdecken und den Teig an einem warmen Ort mindestens 30 Minuten gehen lassen. Sein Volumen sollte sich verdoppeln.

4 Den Backofen auf höchster Stufe vorheizen. Das Wasser mit der Stärke unter Rühren aufkochen und das Brot damit bestreichen. Ein tiefes Blech unten in den Ofen schieben und mit etwa ¼ l kochendem Wasser füllen.

5 Die Form auf einen Gitterrost stellen und auf der zweiten Schiene von unten in den Ofen schieben. Die Temperatur auf 220 °C (Gas Stufe 3–4) einstellen, nach 10 Minuten auf 200 °C (Gas Stufe 3) herunterschalten und das Brot noch etwa 35 Minuten backen. Kurz vor Ende der Backzeit das Brot mit warmem Wasser besprühen.

Sauerteig ⊖
Hefe ⊕
Backferment ⊖
Nüsse/Samen ⊖
Vollkorn ⊖
Ballastst. ⊖
einfach ⊕
für Gäste ⊕

Tipp
Statt der Milch können Sie die gleiche Menge Wasser oder Sojamilch verwenden.

Zutaten

400 g feines Gerstenvollkorn-
mehl · 550 g Weizenmehl Type
550 · 80 g Weizenkleber ·
$^1/_4$ TL Vitamin-C-Pulver · 4 TL
Salz · 2 P. Trockenhefe (ca. 14 g) ·
2 TL Zucker · 150 g Flüssigsauerteig · 550 ml lauwarmes Wasser
etwas Weizenmehl für die Arbeitsfläche
etwas Margarine für die Form
etwa 350 ml kochendes Wasser
für den Ofen

Für 1 Brot (25 Scheiben)
Zubereitungszeit: ca. 30 Min.
Zeit zum Gehen: ca. 2 Std.
Backzeit: ca. 1 Std.
ca. 140 kcal je Scheibe

Gerstenmischbrot

- ⊕ Sauerteig
- ⊕ Hefe
- ⊖ Backferment
- ⊖ Nüsse/Samen
- ⊖ Vollkorn
- ⊕ Ballastst.
- ⊕ einfach
- ⊖ für Gäste

1 Gerstenvollkorn- und Weizenmehl, Kleber, Vitamin C, Salz, Hefe und Zucker in
einer großen Schüssel mischen. In die Mitte
eine Mulde drücken und den Sauerteig hineingeben. Mit den Knethaken eines Handrührgeräts das lauwarme Wasser mit dem
Sauerteig unter das Mehl arbeiten.

2 Den Teig auf einer bemehlten Arbeitsfläche mit den Händen etwa 10 Minuten
kneten und dann in die Schüssel zurücklegen. Diese gut verschließen und den Teig an
einem warmen Ort etwa 40 Minuten gehen
lassen.

3 Den Teig nochmals etwa 5 Minuten mit
den Händen kneten, einen Laib formen
und diesen in eine gefettete breite Brotbackform (etwa 30 cm lang) legen. Das Brot
bedecken und an einem warmen Ort etwa
1 Stunde gehen lassen. Das Volumen sollte
deutlich zunehmen.

4 Den Backofen auf höchster Stufe vorheizen. Ein tiefes Blech unten in den Ofen
schieben und mit etwa 350 ml kochendem
Wasser füllen. Das Brot auf einen Gitterrost
stellen und auf der zweiten Schiene von unten in den Ofen schieben. Die Temperatur
auf 240 °C (Gas Stufe 4–5) einstellen, nach
10 Minuten auf 200 °C (Gas Stufe 3) herunterschalten und das Brot etwa 50 Minuten
backen. Kurz vor Ende der Backzeit das Brot
mit warmem Wasser besprühen.

Gerste
Reines Gerstenmehl ist zum
Backen wenig geeignet. Deshalb wird es mit Weizenmehl
und -kleber gemischt.

Variation
Anstelle der Senfsamen können Sie Sesam oder Mohn nehmen. Auch ganze Korianderkörner passen gut zum Buchweizenteig.

Buchweizenbrot

Zutaten

250 g Dinkelvollkornmehl ·
250 g Buchweizenvollkornmehl ·
1 Würfel frische Hefe (42 g) ·
125 ml lauwarmes Wasser

1 EL weiche Margarine ·
2 geh. TL Salz · 150 ml Orangensaft · 1 EL gelbe Senfsamen

etwas Dinkelvollkornmehl für die Arbeitsfläche

etwas Margarine für die Form

etwa 300 ml kochendes Wasser für den Ofen

Für 1 Brot (20 Scheiben)
Zubereitungszeit: ca. 30 Min.
Zeit zum Gehen: ca. 1 ³/₄ Std.
Backzeit: ca. 50 Min.
ca. 90 kcal je Scheibe

1 Das Dinkel- und das Buchweizenvollkornmehl in eine Schüssel geben. Die Hefe im lauwarmen Wasser auflösen.

2 Das Mehl und den Hefeansatz mischen, Margarine, Salz, Orangensaft und Senfsamen dazugeben und alles mit den Knethaken eines Handrührgeräts zu einem Teig verkneten. Den Teig auf einer bemehlten Arbeitsfläche mit den Händen kräftig kneten, bis er ganz glatt ist. Den Teig in die Schüssel legen, diese verschließen und den Teig 45 Minuten gehen lassen.

3 Den Teig auf einer bemehlten Arbeitsfläche kurz kneten und zu einem länglichen Laib formen.

4 Den Teig in eine gefettete Kastenform (30 cm lang) legen und mit einem Messer mehrmals schräg einschneiden. Die Form abdecken und das Brot an einem warmen Ort etwa 1 Stunde gehen lassen. Das Volumen sollte sich verdoppeln.

5 Den Backofen auf höchster Stufe vorheizen. Ein tiefes Blech unten in den Ofen schieben und mit 300 ml kochendem Wasser füllen. Das Brot auf einen Gitterrost stellen und auf der zweiten Schiene von unten in den Ofen schieben. Die Temperatur auf 220 °C (Gas Stufe 3–4) einstellen und das Brot etwa 20 Minuten backen. Danach die Temperatur auf 180 °C (Gas Stufe 2–3) reduzieren und das Brot weitere 30 Minuten backen.

Sauerteig ⊖

Hefe ⊕

Backferment ⊖

Nüsse/Samen ⊕

Vollkorn ⊕

Ballastst. ⊖

einfach ⊕

für Gäste ⊕

Haferbrot

Zutaten

1 Würfel frische Hefe (42 g) ·
1 TL Honig · 325 ml lauwarmes
Wasser · 200 g Weizenmehl Type
1050 · 300 g zarte Haferflocken ·
1 TL gem. Koriander · 2 ½ TL Salz ·
50 g Weizenkleber · 1 TL Lecithin ·
250 g Naturjoghurt (3,5 % Fett)
etwas Weizenmehl für die
Arbeitsfläche

1 EL Haferflocken zum Bestreuen ·
etwa 400 ml kochendes Wasser
für den Ofen

Für 1 Brot (25 Scheiben)
Zubereitungszeit: ca. 30 Min.
Zeit zum Gehen: ca. 1 ¾ Std.
Backzeit: ca. 1 Std.
ca. 90 kcal je Scheibe

1 Die Hefe und den Honig im lauwarmen
Wasser auflösen. Das Weizenmehl und
die Haferflocken in eine Schüssel geben.
Den Koriander, das Salz, den Weizenkleber,
das Lecithin, den Hefeansatz und den Joghurt dazugeben.

2 Alles mit den Knethaken eines Handrührgeräts durcharbeiten, dann den Teig mit
den Händen auf einer bemehlten Arbeitsfläche etwa 10 Minuten kneten. Den Teig in
die Schüssel legen, diese verschließen und
den Teig 45 Minuten gehen lassen.

3 Den Teig auf einer bemehlten Arbeitsfläche etwa 5 Minuten kneten und zu einem länglichen Brot formen. Dieses auf ein
mit Backpapier ausgelegtes Blech legen,
mit einem Messer mehrmals schräg einschneiden und abdecken. Das Brot etwa
1 Stunde an einem warmen Ort gehen lassen. Sein Volumen sollte sich verdoppeln.

4 Das Brot mit Wasser bestreichen und mit
den Haferflocken bestreuen. Den Backofen auf höchster Stufe vorheizen. Ein tiefes
Blech unten in den Ofen schieben und mit
400 ml kochendem Wasser füllen. Das Brot
auf der zweiten Schiene von unten in den
Ofen schieben. Die Temperatur auf 200 °C
(Gas Stufe 3) einstellen und das Brot etwa
1 Stunde backen. Kurz vor Ende der Backzeit das Brot mit warmem Wasser besprühen.

Zutaten

1 geh. TL Spezial-Backferment
(Sekowa) · 2 TL Grundansatz
(Sekowa) · 1 TL Honig ·
550 ml warmes Wasser · 400 g
fein gem. Grünkern ·
400 g Dinkelmehl Type 1050
3 TL Salz · $\frac{1}{4}$ TL Vitamin-C-Pulver
etwas Dinkelmehl für die
Arbeitsfläche
etwas Margarine für die Form
etwa 300 ml kochendes Wasser
für den Ofen

Für 1 Brot (25 Scheiben)
Zubereitungszeit: ca. 30 Min.
Zeit zum Gären: ca. 12 Std.
Zeit zum Gehen: ca. 2 $\frac{1}{2}$ Std.
Backzeit: ca. 1 $\frac{1}{4}$ Min.
ca. 110 kcal je Scheibe

Grünkernbrot

1 In einer Schüssel das Backferment mit dem Grundansatz, dem Honig und 450 ml Wasser klumpenfrei auflösen. Je 200 g Grünkern- und Dinkelmehl hinzufügen und alles zu einer glatten Masse verrühren. Die Schüssel gut verschließen und den Ansatz mindestens 12 Stunden an einem warmen Ort gären lassen.

2 Je 200 g Grünkern- und Dinkelmehl, das Salz und das Vitamin C in einer Schüssel vermischen. Mit den Knethaken eines Hand-rührgeräts den Teigansatz und die restlichen 100 ml Wasser unterarbeiten. Der Teig ist recht feucht, deshalb mit den Knethaken etwa 5 Minuten kneten (Überhitzung des Geräts vermeiden). Die Schüssel gut ver-schließen. Den Teig an einem warmen Ort etwa 1 Stunde gehen lassen.

3 Den Teig auf einer bemehlten Arbeits-fläche kneten, einen Laib formen, diesen in eine gefettete Kastenform (30 cm lang) le-gen und mehrmals schräg einschneiden. Die Form abdecken und das Brot an einem war-men Ort etwa 1 $\frac{1}{2}$ Stunden gehen lassen.

4 Den Backofen auf höchster Stufe vorhei-zen. Ein tiefes Blech unten in den Ofen schieben und mit etwa 300 ml kochendem Wasser füllen. Die Form auf einen Gitterrost stellen und auf der zweiten Schiene von un-ten in den Ofen schieben. Die Temperatur auf 220 °C (Gas Stufe 3–4) einstellen, nach 15 Minuten auf 200 °C (Gas Stufe 3) herun-terschalten und das Brot noch etwa 55 Mi-nuten backen. Kurz vor Ende der Backzeit mit warmem Wasser besprühen.

Sauerteig ⊖
Hefe ⊖
Backferment ⊕
Nüsse/Samen ⊖
Vollkorn ⊖
Ballastst. ⊕
einfach ⊖
für Gäste ⊕

Körniges Mehrkornbrot

● Sauerteig

● Hefe

● Backferment

● Nüsse/Samen

● Vollkorn

● Ballastst.

● einfach

●für Gäste

Zutaten

250 g Roggenvollkornmehl ·
150 g Flüssigsauerteig ·
600 ml warmes Wasser ·
20 g Trockenhefe

100 g Buchweizen ·
50 g Hanfsamen

250 g Weizenvollkornmehl ·
200 g Dinkelvollkornmehl · 100 g
grober Gerstenvollkornschrot ·
50 g Sojamehl

etwas Weizenvollkornmehl für
die Arbeitsfläche ·
etwas Margarine für die Form
etwa 400 ml kochendes Wasser
für den Ofen

Für 1 Brot (30 Scheiben)
Zubereitungszeit: ca. 40 Min.
Zeit zum Gehen: ca. 2 Std.
Backzeit: ca. 1 Std.
ca. 110 kcal je Scheibe

Hanf

Hanf ist eine alte Nutzpflanze, deren Anbau aber wegen der rauscherzeugenden Inhaltsstoffe in Deutschland lange verboten war. Heute werden Sorten gezüchtet, die diese Stoffe in nur geringen Mengen enthalten. Der Hanfsamen selbst ist frei davon. Er schmeckt nussig und ist reich an ungesättigten Fettsäuren. Hanfsamen sind in Naturkostläden erhältlich. Wenn Sie keine bekommen, nehmen Sie doppelt so viel Buchweizen.

Variation

Statt der Trockenhefe können Sie 1 1/2 Würfel frische Hefe (ca. 60 g) nehmen. Lösen Sie diese genau wie die Trockenhefe zuvor in Wasser auf.

1 Roggenvollkornmehl, Sauerteig und 1/4 l warmes Wasser in einer Schüssel verrühren. Die Hefe in den restlichen 350 ml Wasser auflösen.

2 Den Buchweizen und den Hanfsamen in einer heißen Pfanne ohne Fettzugabe unter Rühren rösten, bis sie zu duften beginnen. Die Körner und Samen aus der Pfanne nehmen und abkühlen lassen.

3 Weizen- und Dinkelvollkornmehl, Gerstenschrot, Sojamehl und geröstete Samen zum Roggenansatz geben. Alles mit dem Knethaken eines Handrührgeräts mischen und dabei den Hefeansatz zugießen. Den recht feuchten Teig etwa 5 Minuten mit dem Handrührgerät kneten (Überhitzung des Geräts vermeiden). Die Schüssel abdecken und den Teig etwa 1 Stunde gehen lassen.

4 Den Teig erneut mit den Knethaken des Handrührgeräts und dann etwa 5 Minuten auf einer bemehlten Arbeitsfläche von Hand kneten. Den Teig in eine gefettete Brotbackform (35 cm lang) füllen und mehrmals schräg mit einem Messer einschneiden. Die Form abdecken und den Teig etwa 1 Stunde an einem warmen Ort gehen lassen. Sein Volumen sollte sich verdoppeln.

5 Den Backofen auf höchster Stufe vorheizen. Ein tiefes Blech unten in den Ofen schieben und mit etwa 400 ml kochendem Wasser füllen. Die Form auf einen Gitterrost stellen und auf der zweiten Schiene von unten in den Ofen schieben. Die Temperatur auf 220 °C (Gas Stufe 3–4) einstellen. Das Brot etwa 30 Minuten backen, dann die Temperatur auf 180 °C (Gas Stufe 2–3) zurückschalten und das Brot erneut 30 Minuten backen. Kurz vor Ende der Backzeit das Brot mit warmem Wasser besprühen.

Zutaten

1 Würfel Hefe (42 g) · 1 TL Honig ·
400 ml warmes Wasser ·
350 g Möhren

250 g Roggenvollkornmehl ·
500 g Weizenvollkornmehl ·
$^1/_2$ TL gem. Koriander · 100 g
gem. Haselnüsse · 4 TL Salz ·
150 g Flüssigsauerteig

etwas Weizenvollkornmehl für
die Arbeitsfläche ·
etwas Margarine für die Form
etwa 250 ml kochendes Wasser
für den Ofen

Für 1 Brot (30 Scheiben)
Zubereitungszeit: ca. 40 Min.
Zeit zum Gehen: ca. 1 $^3/_4$ Std.
Backzeit: ca. 1 Std.
ca. 100 kcal je Scheibe

Möhrenbrot

- Sauerteig
- Hefe
- Backferment
- Nüsse/Samen
- Vollkorn
- Ballastst.
- einfach
- für Gäste

1 Die Hefe und den Honig im Wasser auflösen. Die Möhren waschen, schälen und fein raspeln.

2 Das Roggenvollkornmehl in eine Schüssel geben. Das Weizenvollkornmehl, den Koriander, die Nüsse und das Salz dazugeben. Den Sauerteig, den Hefeansatz und die Möhren ebenfalls dazugeben. Alles mit den Knethaken des Handrührgeräts etwa 5 Minuten kneten (Überhitzung des Geräts vermeiden). Die Schüssel verschließen und den Teig etwa 45 Minuten gehen lassen.

3 Den Teig kurz mit den Knethaken des Handrührgeräts, dann auf einer bemehlten Arbeitsfläche etwa 5 Minuten kneten. Den Teig in eine gefettete Brotbackform (35 cm lang) geben und mit einem Messer mehrmals schräg einschneiden. Die Form abdecken. Den Teig etwa 1 Stunde gehen lassen.

4 Den Backofen auf höchster Stufe vorheizen. Ein tiefes Blech unten in den Ofen schieben und mit rund $^1/_4$ l kochendem Wasser füllen. Das Brot auf einen Gitterrost stellen und auf der zweiten Schiene von unten in den Ofen schieben. Die Temperatur auf 220 °C (Gas Stufe 3–4) einstellen. Das Brot etwa 35 Minuten backen. Dann die Temperatur auf 180 °C (Gas Stufe 2–3) reduzieren und das Brot weitere 30 Minuten backen. Kurz vor Ende der Backzeit das Brot mit warmem Wasser besprühen.

Kleiebrot

Zutaten

200 g Haferkleie · ³/₄ l Wasser ·
100 g Weizenkleie

300 g Roggenmehl Type 1150 ·
450 g Weizenmehl Type 1050 ·
150 g Flüssigsauerteig · 4 TL
Salz · 1 TL gem. Koriander ·
1 Würfel frische Hefe (42 g)

etwas Weizenmehl für die Arbeitsfläche

etwas Margarine für die Form

etwa 400 ml kochendes Wasser
für den Ofen

Für 1 Brot (30 Scheiben)
Zubereitungszeit: ca. 45 Min.
Zeit zum Quellen: ca. 12 Std.
Zeit zum Gehen: ca. 2 Std.
Backzeit: ca. 1 ¹/₄ Std.
ca. 100 kcal je Scheibe

1 Die Haferkleie mit ¹/₄ l Wasser, die Weizenkleie mit 400 ml Wasser mischen. Beides abgedeckt über Nacht im Kühlschrank quellen lassen.

2 Roggen- und Weizenmehl in eine Schüssel geben, Sauerteig, Kleie, Salz und Koriander dazugeben. Die Hefe in 100 ml Wasser auflösen und zum Mehl geben.

3 Alles mit dem Knethaken eines Handrührgeräts kräftig durcharbeiten. Den Teig aus der Schüssel nehmen und auf einer bemehlten Arbeitsfläche etwa 10 Minuten mit den Händen kneten. Der Teig bleibt relativ feucht. Den Teig in die Schüssel legen, diese verschließen und den Teig etwa 1 Stunde gehen lassen.

4 Den Teig auf einer bemehlten Arbeitsfläche etwa 5 Minuten kneten und in eine gefettete Brotbackform (35 cm lang) legen. Den Teig mehrmals schräg einschneiden, abdecken und an einem warmen Ort etwa 1 Stunde gehen lassen. Das Volumen sollte sich verdoppeln.

5 Den Backofen auf 180 °C (Gas Stufe 2–3) vorheizen. Ein tiefes Backblech unten in den Ofen schieben und mit 400 ml kochendem Wasser füllen. Das Brot auf einen Gitterrost stellen und auf der zweiten Schiene von unten in den Backofen schieben. Das Brot etwa 1 ¹/₄ Std. backen.

Sauerteig ❂
Hefe ❂
Backferment ⊖
Nüsse/Samen ⊖
Vollkorn ⊖
Ballastst. ❂
einfach ⊖
für Gäste ⊖

Mohnbrot

- Sauerteig
- Hefe
- Backferment
- Nüsse/Samen
- Vollkorn
- Ballastst.
- einfach
- für Gäste

Zutaten

1 TL Spezial-Backferment (Seko-wa) · 1 geh. TL Grundansatz (Se-kowa) · 475 ml warmes Wasser · 450 g Dinkelvollkornmehl · 250 g Roggenvollkornmehl 40 g Margarine · 3 TL Salz · 75 g Mohnsamen · 1 geh. EL Lecithin

etwas Dinkelvollkornmehl für die Arbeitsfläche · etwas Margarine für die Form · 1 EL Mohnsamen zum Bestreuen

etwa 350 ml kochendes Wasser für den Ofen

Für 1 Brot (25 Scheiben)
Zubereitungszeit: ca. 30 Min.
Zeit zum Gären: ca. 12 Std.
Zeit zum Gehen: ca. 2 ¹/₄ Std.
Backzeit: ca. 50 Min.
ca. 110 kcal je Scheibe

Variationen
Statt der Mohnsamen kön-nen Sie die gleiche Menge Sesamsamen nehmen und erhalten so ein leckeres Sesambrot.
Für ein Sonnenblumenbrot etwa 100 g Sonnenblumen-kerne unter das Mehl mi-schen, das Brot vor dem Backen mit Wasser bestrei-chen und nach Belieben mit Sonnenblumenkernen be-streuen.

1 In einer Schüssel Backferment und Grund-ansatz in ¹/₄ l warmem Wasser klumpenfrei auflösen. Je 100 g Dinkel- und Roggenvoll-kornmehl zufügen und alles zu einer glatten Masse verrühren. Die Schüssel gut ver-schließen und den Ansatz mindestens 12 Stunden an einem warmen Ort gären lassen.

2 Die Margarine schmelzen und abkühlen lassen. 350 g Dinkel- und 150 g Roggen-vollkornmehl, das Salz, den Mohn und das Lecithin in einer großen Schüssel mischen. Mit den Knethaken eines Handrührgeräts den Teigansatz, die Margarine und die rest-lichen 225 ml warmes Wasser darunter ar-beiten. Der Teig ist recht feucht, deshalb mit den Knethaken etwa 5 Minuten kneten (Überhitzung des Geräts vermeiden). Die Schüssel gut verschließen. Den Teig an ei-nem warmen Ort etwa 1 Stunde gehen lassen.

3 Den Teig auf einer gut bemehlten Ar-beitsfläche mit den Händen leicht kne-ten, einen Laib formen und in eine gefettete Kastenform (30 cm lang) legen. Den Teig mit einem Messer mehrmals schräg einschnei-den, mit etwas warmem Wasser bestrei-chen, den Mohn darauf streuen und leicht festdrücken. Die Form abdecken und das Brot an einem warmen Ort etwa 1 ¹/₄ Stun-den gehen lassen.

4 Den Backofen auf höchster Stufe vorhei-zen. Ein tiefes Blech unten in den Ofen schieben und mit etwa 350 ml kochendem Wasser füllen. Die Form auf einen Gitterrost stellen und auf der zweiten Schiene von un-ten in den Ofen schieben. Die Temperatur auf 220 °C (Gas Stufe 3–4) einstellen, nach 40 Minuten auf 200 °C (Gas Stufe 3) herun-terschalten und das Brot noch etwa 10 Mi-nuten backen. Kurz vor Ende der Backzeit das Brot mit warmem Wasser besprühen.

Hirsebrot

Zutaten

80 g Hirseflocken · 300 g feines Hirsemehl · 350 g feines Weizen-vollkornmehl · 80 g Weizen-kleber · 50 g Erdmandelflocken · 3 TL Salz · 1 Würfel frische Hefe (42 g) · 2 EL flüssiger Honig · 360 ml lauwarme Milch

Weizenvollkornmehl für die Ar-beitsfläche

etwas Margarine für die Form · 1 EL Hirseflocken zum Bestreuen etwa ¹/₄ l kochendes Wasser für den Ofen

Für 1 Brot (25 Scheiben)
Zubereitungszeit: ca. 20 Min.
Zeit zum Gehen: ca. 1 ¹/₂ Std.
Backzeit: ca. 45 Min.
ca. 130 kcal je Scheibe

1 Hirseflocken und -mehl, Weizenvollkorn-mehl und -kleber sowie Erdmandeln und Salz in einer Schüssel mischen. Die Hefe zerbröseln und mit dem Honig in der Milch auflösen. Den Hefeansatz mit den Knetha-ken eines Handrührgeräts unter die Mehl-mischung arbeiten.

2 Den Teig auf einer bemehlten Arbeits-fläche etwa 10 Minuten kneten. Den Teig in die Schüssel zurücklegen, diese gut ver-schließen und den Teig an einem warmen Ort mindestens 45 Minuten gehen lassen.

3 Den Teig mit den Händen kurz kneten. Einen Laib formen und in eine gefettete breite Brotbackform (etwa 30 cm lang) le-gen. Den Laib mit Wasser bestreichen, mit den Hirseflocken bestreuen und mehrfach quer einschneiden. Das Brot abdecken und an einem warmen Ort mindestens 45 Minu-ten gehen lassen. Der Teig sollte deutlich an Volumen zunehmen.

4 Den Backofen auf höchster Stufe vorhei-zen. Ein tiefes Blech unten in den Ofen schieben und mit etwa ¹/₄ l kochendem Wasser füllen. Die Form auf einen Gitterrost stellen und auf der zweiten Schiene von un-ten in den Ofen schieben. Die Temperatur auf 220 °C (Gas Stufe 3–4) einstellen, nach 10 Minuten auf 200 °C (Gas Stufe 3) zurück-schalten und das Brot noch etwa 35 Minu-ten backen.

Erdmandel
Der Wurzelknoten des Zy-perngrases wird Erdmandel (Chufanuss) genannt. Als feinflockiges Produkt ist sie im Reformhaus erhältlich. Sie kann durch gemahlene Man-deln ersetzt werden.

Zutaten

1 Würfel frische Hefe (42 g) ·
200 ml lauwarmes Wasser ·
220 g Roggenmehl Type 997 ·
550 g Weizenmehl Type 1050 ·
200 g Sojaschrot · 4 TL Salz
etwas Weizenmehl für die Arbeitsfläche

1 EL Sojaschrot zum Bestreuen
etwa 300 ml kochendes Wasser
für den Ofen

Für 1 Brot (25 Scheiben)
Zubereitungszeit: ca. 45 Min.
Zeit zum Gehen: ca. 1 ½ Std.
Backzeit: ca. 50 Min.
ca. 120 kcal je Scheibe

Sojaschrotbrot

1 Die Hefe im lauwarmen Wasser auflösen. Roggen- und Weizenmehl sowie Sojaschrot in eine Schüssel geben. Den Hefeansatz und das Salz dazugeben.

2 Den Teig mit dem Knethaken des Handrührgeräts etwa 5 Minuten durchkneten (Überhitzung des Geräts vermeiden). Die Schüssel zudecken und den Teig an einem warmen Ort etwa 30 Minuten gehen lassen.

3 Den Teig herausnehmen und auf einer bemehlten Arbeitsfläche mit den Händen erneut gut kneten. Aus dem Teig einen länglichen Brotlaib formen. Den Laib auf ein mit Backpapier belegtes Backblech legen und mit einem Messer mehrmals über Kreuz einschneiden. Den Laib abdecken und etwa 1 Stunde gehen lassen. Sein Volumen sollte deutlich zunehmen.

4 Anschließend das gegangene Brot mit Wasser bestreichen und mit dem Sojaschrot bestreuen.

5 Den Backofen auf höchster Stufe vorheizen. Ein tiefes Blech unten in den Ofen schieben und mit etwa 300 ml kochendem Wasser füllen. Das Brot auf der zweiten Schiene von unten in den Ofen schieben und die Temperatur auf 220 °C (Gas Stufe 3–4) einstellen. Das Brot etwa 20 Minuten backen. Danach die Temperatur auf 180 °C (Gas Stufe 2–3) reduzieren und das Brot weitere 30 Minuten backen. Kurz vor Ende der Backzeit mit warmem Wasser besprühen.

Sauerteig ⊖
Hefe ⊕
Backferment ⊖
Nüsse/Samen ⊖
Vollkorn ⊖
Ballastst. ⊕
einfach ⊖
für Gäste ⊕

Sojaschrot
Der Schrot der Sojabohnen ist ballaststoffreich. Deshalb ist dieses Brot für alle ideal, die ballaststoffreich essen, aber auf ein helles Brot nicht verzichten möchten.

Leinsamenbrot

- Sauerteig
- Hefe
- Backferment
- Nüsse/Samen
- Vollkorn
- Ballastst.
- einfach
- für Gäste

Zutaten

100 g Leinsamen ·
200 ml heißes Wasser

350 g feines Roggenvollkornmehl · 350 g feiner Weizenvollkornmehl · 350 g feines Weizenschrot · 1/2 TL Vitamin-C-Pulver ·
5 TL Salz · 150 g Flüssigsauerteig · 1 1/4 Würfel frische Hefe
(ca. 50 g) · 1 EL Zucker ·
500 ml lauwarmes Wasser

etwas Weizenmehl für die
Arbeitsfläche · etwas Margarine
für die Form · 1 EL Leinsamen
zum Bestreuen

etwa 350 ml kochendes Wasser
für den Ofen

```
Für 1 Brot (25 Scheiben)
Zubereitungszeit: ca. 40 Min.
Zeit zum Quellen: ca. 20 Min.
Zeit zum Gehen: ca. 1 3/4 Std.
Backzeit: ca. 70 Min.
ca. 150 kcal je Scheibe
```

1 Den Leinsamen mit 200 ml heißem Wasser übergießen, abdecken und mindestens 20 Minuten quellen lassen, bis eine
gallertartige Masse entsteht.

2 Roggen- und Weizenvollkornmehl sowie
Weizenschrot, Vitamin C und Salz in einer großen Schüssel mischen. In die Mitte
eine Mulde drücken und den Sauerteig
hineingeben. Die Hefe zerbröseln und mit
dem Zucker im Wasser auflösen.

3 Mit den Knethaken eines Handrührgeräts
Hefeansatz, Sauerteig und Leinsamen-
masse unter das Mehl arbeiten. Der Teig ist
recht feucht, deshalb mit den Knethaken
etwa 5 Minuten kneten (Überhitzung des
Geräts vermeiden). Die Schüssel gut verschließen und den Teig an einem warmen
Ort etwa 45 Minuten gehen lassen.

4 Den Teig auf einer gut bemehlten Arbeitsfläche mit den Händen leicht kneten, einen Laib formen und in eine gefettete
breite Brotbackform (etwa 30 cm lang) legen. Das Brot mit einem Messer mehrmals
schräg einschneiden, mit Wasser bestreichen, den Leinsamen darauf streuen und
leicht festdrücken. Die Form abdecken und
das Brot an einem warmen Ort etwa 1 Stunde gehen lassen. Das Volumen sollte deutlich zunehmen.

5 Den Backofen auf höchster Stufe vorheizen. Ein tiefes Blech unten in den Ofen
schieben und mit etwa 350 ml kochendem
Wasser füllen. Das Brot auf einen Gitterrost
stellen und auf der zweiten Schiene von unten in den Ofen schieben. Die Temperatur
auf 240 °C (Gas Stufe 4–5) einstellen, nach
10 Minuten auf 220 °C (Gas Stufe 3–4) und
nach weiteren 40 Minuten auf 200 °C (Gas
Stufe 3) herunterschalten. Das Brot noch
etwa 20 Minuten backen. Kurz vor Ende der
Backzeit mit warmem Wasser besprühen.

Tipp
Dieses Vollkornbrot mit Lein-
samenzusatz schmeckt nicht
nur hervorragend, es bringt
auch den Darm in Schwung –
vorausgesetzt die Ballast-
stoffe des Getreides und des
Leisamens haben genügend
Flüssigkeit zum Quellen zur
Verfügung. Deshalb den Leinsamen vorab unbedingt quellen lassen. Beim Verzehr von
Vollkornbrot zudem stets
ausreichend trinken.

Brote mit besonderer Note

Zutaten

550 g Weizenmehl Type 1050 ·
150 g Weizenkeime · 3 TL Salz ·
50 g Haselnüsse · 50 g Mandeln
1 Würfel frische Hefe (42 g) ·
400 ml lauwarmes Wasser ·
etwas Weizenmehl für die Arbeitsfläche
etwa 300 ml kochendes Wasser
für den Ofen

Für 1 Brot (25 Scheiben)
Zubereitungszeit: ca. 35 Min.
Zeit zum Gehen: ca. 1 ½ Std.
Backzeit: ca. 45 Min.
ca. 120 kcal je Scheibe

Weizenkeimbrot

- ○ Sauerteig
- ⊕ Hefe
- ○ Backferment
- ⊕ Nüsse/Samen
- ○ Vollkorn
- ⊕ Ballastst.
- ⊕ einfach
- ⊕ für Gäste

1 Weizenmehl, Weizenkeime und Salz in einer Schüssel mischen. Die Nüsse und die Mandeln grob hacken und dazugeben.

2 Die Hefe im lauwarmen Wasser auflösen. Den Hefeansatz zur Mehl-Nuss-Mischung geben. Alles mit den Knethaken eines Handrührgeräts durcharbeiten. Den Teig etwa 10 Minuten auf einer bemehlten Arbeitsfläche mit den Händen kneten, er sollte ganz glatt werden. Den Teig in die Schüssel legen, diese verschließen und den Teig etwa 45 Minuten gehen lassen.

3 Den Teig etwa 5 Minuten auf einer bemehlten Arbeitsfläche kneten, zu einem länglichen Laib formen und auf ein mit Backpapier ausgelegtes Backblech legen. Den Teig mit einem Messer mehrfach schräg einschneiden, abdecken und etwa 45 Minuten an einem warmen Ort gehen lassen. Sein Volumen sollte sich verdoppeln.

4 Den Backofen auf höchster Stufe vorheizen. Ein tiefes Blech unten in den Backofen schieben und mit etwa 300 ml kochendem Wasser füllen. Das Brot mit Wasser bestreichen und auf der zweiten Schiene von unten in den Ofen schieben. Die Temperatur auf 220 °C (Umluft 190 °C; Gas Stufe 3–4) einstellen und das Brot etwa 45 Minuten backen. Etwa 15 Minuten vor Ende der Backzeit die Oberfläche erneut mit Wasser bestreichen.

Weizenkeime
In Weizenkeimen stecken viele Nährstoffe wie hochwertige Fettsäuren und B-Vitamine sowie Lecithin, die das Gehirn braucht, um fit zu bleiben. Das Lecithin verbessert auch die Backeigenschaften des Teigs. Verwechseln Sie die Weizenkeime nicht mit den Weizenkeimlingen oder Weizensprossen. Die Weizenkeime sind ein trockenes Produkt und in Reformhäusern und Supermärkten erhältlich. Bei Weizenkeimlingen handelt es sich um gekeimte Weizenkörner.

Kümmel-Bier-Brot

Sauerteig ⊖

Hefe ⊖

Backferment ⊕

Nüsse/Samen ⊖

Vollkorn ⊖

Ballastst. ⊕

einfach ⊖

für Gäste ⊕

Zutaten

1 TL Spezial-Backferment (Seko-wa) · 1 geh. TL Grundansatz (Se-kowa) · 300 ml warmes Wasser · 500 g Roggenmehl Type 997

500 g Weizenmehl Type 1050 · 3 EL Kümmel · 3 ¹/₂ TL Salz · 1 ¹/₂ EL Zuckerrübensirup · 350 ml Hefeweißbier

Weizenmehl für die Arbeitsfläche

etwas Margarine für die Form

etwa 400 ml kochendes Wasser für den Ofen

Für 1 Brot (30 Scheiben)
Zubereitungszeit: ca. 45 Min.
Zeit zum Gären und Gehen:
ca. 15 Std.
Backzeit: ca. 1 ¹/₄ Std.
ca. 120 kcal je Scheibe

1 In einer Schüssel das Backferment und den Grundansatz im warmen Wasser klumpenfrei auflösen. Etwa 300 g Roggenmehl darunter rühren. Die Schüssel verschließen und den Ansatz mindestens 12 Stunden an einem warmen Ort gären lassen.

2 Die restlichen 200 g Roggenmehl, das Weizenmehl, den Kümmel, das Salz und den Sirup zum Teigansatz geben. Alles mit den Knethaken eines Handrührgeräts kneten, dabei 300 ml Hefeweißbier dazugeben.

3 Den Teig mit den Händen auf einer bemehlten Arbeitsfläche in etwa 10 Minuten zu einem glatten Teig kneten, eventuell noch etwas Weizenmehl dazugeben.

4 Den Teig in eine Schüssel geben, diese verschließen und den Teig etwa 2 Stunden an einem warmen Ort gären lassen.

5 Den Teig auf einer bemehlten Arbeitsfläche erneut gut kneten und in eine gefettete Brotbackform (35 cm lang) legen. Mit einem Messer mehrmals schräg einschneiden und mit etwas Bier bestreichen. Den Teig abdecken und an einem warmen Ort etwa 1 Stunden gehen lassen.

6 Den Backofen auf höchster Stufe vorheizen. Ein tiefes Blech unten in den Ofen schieben und mit 400 ml kochendem Wasser füllen. Das Brot wieder mit etwas Bier bestreichen und in den Ofen schieben. Die Temperatur auf 240 °C (Gas Stufe 4–5) einstellen. Das Brot etwa 25 Minuten backen, mit Bier bestreichen und die Temperatur auf 170 °C (Gas Stufe 1–2) reduzieren. Das Brot weitere 45 Minuten backen.

Vollkorn-Sprossen-Brot

Zutaten

150 g Weizen
1 Würfel frische Hefe (42 g) ·
2 EL Zuckerrübensirup ·
400 ml lauwarmes Wasser ·
400 g Weizenvollkornmehl ·
300 g Roggenvollkornmehl ·
150 g Flüssigsauerteig · 4 TL Salz
100 g Sonnenblumenkerne
etwas Weizenvollkornmehl für
die Arbeitsfläche ·
etwas Margarine für die Form
etwa 400 ml kochendes Wasser
für den Ofen

Für 1 Brot (30 Scheiben)
Zubereitungszeit: ca. 50 Min.
Zeit zum Keimen: ca. 3 Tage
Zeit zum Gehen: ca. 2 Std.
Backzeit: ca. 1 Std.
ca. 110 kcal je Scheibe

1 Den Weizen abspülen und je nach Raumtemperatur 2–3 Tage keimen lassen. Dazu die Körner in entsprechende Keimschalen oder Gläser geben und nach Herstellerangaben keimen lassen. Falls diese nicht vorhanden sind, den Weizen in ein Einmachglas geben, das Glas mit Gaze abdecken und diese mit einem Einmachgummi befestigen. Nun die Weizenkörner zweimal pro Tag mehrmals durchspülen und das Wasser gründlich abtropfen lassen. Die Weizensprossen sind fertig, wenn der Keimling so lang wie das Korn ist.

2 Die fertigen Weizensprossen in ein Sieb geben, gut abspülen und auf Küchenkrepp abtropfen lassen. Dann auf einem mit Backpapier belegten Backblech verteilen und bei 50 °C etwa 15 Minuten trocknen.

3 Die Hefe mit dem Sirup im lauwarmen Wasser auflösen. Das Weizen- und das Roggenvollkornmehl in eine Schüssel geben

Tipp

Die Weizensprossen müssen außen trocken sein, sonst wird der Teig zu feucht und die Brotkrume beim Backen nicht trocken. Die Sprossen dürfen aber innen nicht austrocknen, sonst sind sie im Brot zu hart. Probieren Sie während des Trocknens ab und zu eine Sprosse, um festzustellen, wann die Sprossen außen trocken, aber innen noch feucht sind.

und mit dem Sauerteig und dem Salz verrühren. Den Hefeansatz dazugeben. Alles mit dem Knethaken des Handrührgeräts kräftig kneten (Überhitzung des Geräts vermeiden). Der Teig muss glatt sein, ist aber noch recht feucht.

4 Die Weizensprossen und die Sonnenblumenkerne unter den Teig kneten. Die Schüssel abdecken und den Teig an einem warmen Ort etwa 45 Minuten gehen lassen. Das Volumen sollte sich verdoppeln.

5 Den Teig auf einer bemehlten Arbeitsfläche mit den Händen noch einmal kurz kneten und in eine gefettete Brotform (35 cm lang) geben. Die Oberfläche des Teigs glatt streichen und mit einer Gabel mehrmals längs einritzen. Die Form abdecken und den Teig an einem warmen Ort etwa 1 Stunde gehen lassen. Sein Volumen sollte sich verdoppeln.

6 Den Backofen auf höchster Stufe vorheizen. Ein tiefes Backblech unten in den Ofen schieben und mit 400 ml kochendem Wasser füllen. Die Form auf einen Gitterrost stellen und auf der zweiten Schiene von unten in den Ofen schieben. Die Temperatur auf 200 °C (Gas Stufe 3) einstellen und das Brot etwa 1 Stunde backen. Kurz vor Ende der Backzeit mit warmem Wasser besprühen.

Guten-Morgen-Stuten

○ Sauerteig

● Hefe

○ Backferment

● Nüsse/Samen

○ Vollkorn

○ Ballastst.

○ einfach

● für Gäste

Zutaten

1 Würfel frische Hefe (42 g) ·
100 ml lauwarme Milch ·
3 EL Zucker · 50 g Butter

500 g Weizenmehl Type 550 ·
100 g gem. Mandeln ·
3 Eier

etwas Weizenmehl für die Arbeitsfläche · 100 g Rosinen

50 g ganze Mandeln

2 EL Hagelzucker

Für 1 Stuten (20 Scheiben)
Zubereitungszeit:
ca. 1 ¼ Std.
Zeit zum Gehen: ca. 13 Std.
Backzeit: ca. 40 Min.
ca. 200 kcal je Scheibe

Tipp
Der Frühstücksstuten könnte ein Sonntagsfavorit werden, denn den Teig können Sie bereits am Vorabend zubereiten und dann einfach in den Kühlschrank stellen. Der Arbeitsaufwand am nächsten Morgen ist gering. Legen Sie sich noch ein wenig ins Bett, wenn der Stuten geht und bäckt – und freuen Sie sich auf das frische Frühstücksbrot.

Rosinen
Geben Sie die Rosinen immer erst unter den fertig gekneteten Teig. Werden sie mitgeknetet, können sie leicht zerquetscht werden und den Teig verfärben.

1 Die Hefe in der Milch auflösen und den Zucker darunter rühren. Den Hefeansatz 15 Minuten gehen lassen. Inzwischen die Butter schmelzen und wieder etwas abkühlen lassen.

2 Das Weizenmehl und die gemahlenen Mandeln in eine Schüssel geben. 2 Eier verquirlen. Den Ansatz, die geschmolzene Butter und die verquirlten Eier zum Mehl und den Mandeln geben und alles mit den Händen zu einem glatten Teig verkneten.

3 Den Teig auf einer bemehlten Arbeitsfläche gut kneten und am Ende die Rosinen unterkneten. Den Teig in eine große Schüssel geben, diese verschließen und etwa 12 Stunden in den Kühlschrank stellen.

4 Die Mandeln mit heißem Wasser überbrühen und die Haut abziehen. Die Mandeln auf einem Küchentuch trocknen lassen.

5 Den Teig nach dem Gehen herausnehmen, auf einer bemehlten Arbeitsfläche erneut leicht kneten und daraus einen runden Brotlaib formen. Den Stuten auf ein mit Backpapier belegtes Backblech legen und an einem warmen Ort etwa 1 Stunde gehen lassen. Sein Volumen sollte um die Hälfte zunehmen.

6 Das restliche Ei trennen, das Eigelb verquirlen und das Eiweiß leicht schlagen. Den Backofen auf 190 °C (Gas Stufe 2–3) vorheizen.

7 Den Stuten mit Eigelb bestreichen und die geschälten Mandeln auf der Oberfläche verteilen. Alles mit dem Eiweiß bestreichen und den Hagelzucker darüber streuen.

8 Den Stuten auf einen Gitterrost stellen und auf der zweiten Schiene von unten in den Ofen schieben. Den Stuten etwa 40 Minuten backen.

Osterbrot

Zutaten

15 Blatt Sauerampfer ·
1 großes Bund Schnittlauch ·
Grün von 8 Frühlingszwiebeln

400 g doppelgriffiges Weizenmehl Type 405 · 350 g Dinkelmehl Type 1050 · 3 TL Salz ·
$^3/_4$ Würfel frische Hefe (ca. 30 g) ·
2 TL Zucker · 300 ml lauwarmes
Wasser

200 g Schmand (24 % Fett)

etwas Dinkelmehl für die Arbeitsfläche

etwas Margarine für die Form

etwa 300 ml kochendes Wasser
für den Ofen

Für 1 Brot (27 Scheiben)
Zubereitungszeit: ca. 40 Min.
Zeit zum Gehen:; ca. 1 ¹/₂ Std.
Backzeit: ca. 45 Min.
ca. 110 kcal je Scheibe

1 Die Kräuter abspülen und trockentupfen.
Den Sauerampfer in feine Streifen, den
Schnittlauch und das Zwiebelgrün in Ringe
schneiden.

2 Weizen- und Dinkelmehl, Salz und Kräuter in einer Schüssel mischen. Die Hefe
zerbröseln und mit dem Zucker in dem lauwarmen Wasser auflösen.

3 Mit den Knethaken eines Handrührgeräts
den Hefeansatz und den Schmand unter
das Mehl arbeiten. Den Teig auf einer bemehlten Arbeitsfläche etwa 10 Minuten kräftig kneten und in die Schüssel legen. Diese
gut verschließen und den Teig an einem
warmen Ort etwa 45 Minuten gehen lassen.

4 Den Teig auf einer bemehlten Arbeitsfläche etwa 5 Minuten kneten. Einen ova-
len Laib formen und in eine gefettete ovale
Auflaufform (etwa 23 x 33 cm) legen. Die
Form abdecken und den Teig an einem warmen Ort etwa 45 Minuten gehen lassen.
Sein Volumen sollte sich verdoppeln.

5 Den Backofen auf höchster Stufe vorheizen. Ein tiefes Blech unten in den Ofen
schieben und mit rund 300 ml kochendem
Wasser füllen. Die Form auf einen Gitterrost
stellen und auf der zweiten Schiene von unten in den Ofen schieben. Die Temperatur
auf 220 °C (Gas Stufe 3–4) einstellen, nach
15 Minuten auf 200 °C (Gas Stufe 3) herunterschalten und das Brot weitere 30 Minuten backen.

Zutaten

1 kleine unbehandelte Zitrone ·
500 g doppelgriffiges Weizenmehl Type 405 · 1 TL Salz ·
1 P. natürliches Bourbon-Vanille-
aroma · 40 g Orangeat ·
25 g gehackte Pistazien

$^{3}/_{4}$ Würfel frische Hefe (ca. 30 g) ·
60 g Zucker · $^{1}/_{8}$ l lauwarme Voll-
milch · 250 g Magerquark ·
1 Ei

50 g zerlassene Butter · etwas
Weizenmehl für die Arbeitsfläche
etwas Butter für die Form

Für 1 Stuten (25 Scheiben)
Zubereitungszeit: ca. 30 Min.
Zeit zum Gehen: ca. 2 Std.
Backzeit: ca. 45 Min.
ca. 120 kcal je Scheibe

Quarkstuten

1 Die Zitrone heiß abwaschen, trockenrei-
ben und die Schale fein abreiben. Das
Weizenmehl in eine große Schüssel geben.
Zitronenschale, Salz, Vanillearoma, Orangeat und Pistazien hinzufügen und alles
gut mischen.

2 Die Hefe zerbröseln und zusammen mit
dem Zucker in der Milch auflösen. Quark
und Ei gut verrühren.

3 Zunächst den Hefeansatz, dann die
Quarkmischung und schließlich die Butter mit den Knethaken eines Handrührgeräts unter die Mehlmischung arbeiten.
Den Teig herausnehmen und auf einer bemehlten Arbeitsfläche etwa 10 Minuten mit
den Händen kneten.

4 Den Teig in die Schüssel zurücklegen
und diese gut verschließen. Den Teig an
einem warmen Ort etwa 45 Minuten gehen
lassen. Anschließend auf einer bemehlten
Arbeitsfläche mindestens 5 Minuten mit den
Händen kneten.

5 Einen Laib formen, in eine gefettete Kastenform (30 cm lang) legen, mit einer
Schere mehrmals schräg einschneiden und
abdecken. Den Stuten an einem warmen Ort
bis zu 1 $^{1}/_{4}$ Stunden gehen lassen. Sein Volumen sollte deutlich zunehmen.

6 Den Backofen auf höchster Stufe vorheizen. Die Form auf einen Gitterrost stellen
und auf der zweiten Schiene von unten in
den Ofen schieben. Die Temperatur auf
180 °C (Gas Stufe 2–3) zurückschalten und
den Stuten etwa 45 Minuten backen.

Sauerteig ⊖
Hefe ⊕
Backferment ⊖
Nüsse/Samen ⊕
Vollkorn ⊖
Ballastst. ⊖
einfach ⊕
für Gäste ⊕

Zutaten

30 g Margarine · 250 g Speise-
quark (20 % Fett i. Tr.) ·
1 kleines Ei · 1 TL Salz

250 g feines Dinkelvollkornmehl ·
4 TL Backpulver

etwas Dinkelvollkornmehl für die
Arbeitsfläche

etwa 200 ml kochendes Wasser
für den Ofen

Für 15 Brötchen
Zubereitungszeit: ca. 25 Min.
Zeit zum Ruhen: ca. 20 Min.
Backzeit: ca. 25 Min.
ca. 90 kcal je Brötchen

Schnelle Minibrötchen

- Sauerteig
- Hefe
- Backferment
- Nüsse/Samen
- **Vollkorn**
- **Ballastst.**
- **einfach**
- **für Gäste**

1 Die Margarine schmelzen und abkühlen lassen. Quark, Ei, Salz und Margarine in einer großen Schüssel mit den Rührbesen eines Handrührgeräts zu einer glatten Masse verrühren.

2 Das Dinkelvollkornmehl und das Backpulver vermischen und mit den Rührbesen unter die Quarkmasse arbeiten. Mit den Händen den Teig zu einem Klumpen zusammendrücken und auf einer bemehlten Arbeitsfläche etwas 3 Minuten kneten. Den Teig abdecken und etwa 10 Minuten ruhen lassen.

3 Den Teig zu einer Rolle formen und in 15 gleiche Teile (à 40 g) schneiden. Die Stücke in den Handflächen zu Kugeln rollen und auf ein mit Backpapier belegtes Blech setzen. Die Brötchen mit einer spitzen Schere kreuzförmig einschneiden, abdecken und etwa 10 Minuten ruhen lassen.

4 Den Backofen auf 225 °C (Gas Stufe 4) vorheizen. Dann ein tiefes Blech unten in den Ofen schieben und mit etwa 200 ml kochendem Wasser füllen. Das Blech mit den Brötchen auf der zweiten Schiene von unten in den Ofen schieben. Die Temperatur auf 180 °C (Gas Stufe 2–3) einstellen und die Brötchen etwa 25 Minuten backen.

Variation
Die Brötchen nach dem Formen mit etwas Wasser bestreichen und in Mohn-, Sesam- oder Leinsamen, Sonnenblumen- oder Kürbiskerne oder feinen Dinkelschrot drücken, ruhen lassen und backen.

Zutaten

¹/₂ Würfel frische Hefe (ca. 20 g) ·
350 ml lauwarmes Wasser · 500 g
Weizenvollkornmehl · 2 TL Salz
2 Zwiebeln · 1 EL Öl ·
200 g mittelalter Gouda ·
2 P. TK-Kräuter italienisch
etwas Weizenvollkornmehl für
die Arbeitsfläche und zum Ausrollen
etwa 300 ml kochendes Wasser
für den Ofen

Für 16 Brötchen
Zubereitungszeit: ca. 50 Min.
Zeit zum Gehen: ca. 1 Std.
Backzeit: ca. 25 Min.
ca. 140 kcal je Brötchen

Gerollte Kräuterbrötchen

1 Die Hefe im lauwarmen Wasser auflösen. Das Weizenvollkornmehl in eine große Schüssel geben, den Hefeansatz und das Salz dazugeben. Alles mit den Händen zu einem glatten Teig verkneten. Die Schüssel verschließen und den Teig an einem warmen Ort etwa 30 Minuten gehen lassen.

2 Die Zwiebeln schälen und fein hacken. Das Öl erhitzen und die Zwiebeln darin glasig dünsten. Den Käse fein reiben. Die Zwiebeln mit den Kräutern und dem Käse mischen. Die Mischung beiseite stellen und abkühlen lassen.

3 Den Teig mit den Händen auf einer bemehlten Arbeitsfläche noch einmal kurz durchkneten und in 2 Hälften teilen. Jede Hälfte auf einer bemehlten Arbeitsfläche dünn ausrollen und die Kräutermasse darauf verteilen. Den Teig aufrollen und jede Rolle in 8 Stücke schneiden. Die Brötchenrollen auf der Oberseite über Kreuz einschneiden.

4 Die Brötchen auf ein mit Backpapier ausgelegtes Backblech setzen, mit Wasser bestreichen, abdecken und an einem warmen Ort etwa 30 Minuten gehen lassen.

5 Den Backofen auf 240 °C (Gas Stufe 4–5) vorheizen. Ein tiefes Backblech unten in den Ofen schieben und mit gut 300 ml kochendem Wasser füllen. Die Brötchen auf der zweiten Schiene von unten in den Ofen schieben und etwa 25 Minuten backen.

Variationen
Die Füllung der Brötchen können Sie beliebig variieren. Tauschen Sie z.B. den Käse gegen gekochten Schinken aus oder die Zwiebeln gegen feine Lauchringe. Sie können die Zwiebeln auch weglassen und statt Goudas Schafskäse nehmen.
Auch mit süßer Füllung schmecken die Brötchen. Mischen Sie z.B. geriebene Nüsse oder Mandeln mit etwas Sahne oder bestreichen Sie den Teig vor dem Aufrollen mit Nuss-Nougat-Creme.

Sauerteig ⊖
Hefe ⊕
Backferment ⊖
Nüsse/Samen ⊖
Vollkorn ⊕
Ballastst. ⊕
einfach ⊖
für Gäste ⊕

Zutaten

125 g Roggenmehl Type 1150 ·
125 g Dinkelmehl Type 1050 ·
125 g feiner Dinkelschrot ·
3 TL Salz · 1 EL Lecithin · 40 g gemahlene Walnüsse · 1/2 Würfel
frische Hefe (ca. 20 g) · 1 EL Zucker · 220 ml lauwarmes Wasser
etwas Dinkelmehl für die Arbeitsfläche
40 g grob zerbrochene Walnusshälften
etwa 1/4 l kochendes Wasser für
den Ofen

Für 1 Kranz
Zubereitungszeit: ca. 25 Min.
Zeit zum Gehen: ca. 1 1/2 Std.
Backzeit: ca. 30 Min.
ca. 1940 kcal je Kranz

Walnusskranz

- ○ Sauerteig
- ⊕ Hefe
- ○ Backferment
- ⊕ Nüsse/Samen
- ○ Vollkorn
- ⊕ Ballastst.
- ⊕ einfach
- ⊕ für Gäste

1 Roggen- und Dinkelmehl sowie Dinkelschrot, Salz, Lecithin und gemahlene
Walnüsse in einer großen Schüssel vermischen. Die Hefe zerbröseln und mit dem
Zucker im Wasser auflösen. Den Hefeansatz
mit den Knethaken eines Handrührgeräts
unter das Mehlgemisch arbeiten.

2 Den Teig auf einer bemehlten Arbeitsfläche mit den Händen etwa 10 Minuten
kneten. Den Teig in die Schüssel zurücklegen, diese gut verschließen und den Teig
an einem warmen Ort etwa 1 Stunde gehen
lassen.

Variation
Die Walnüsse können Sie gegen die gleiche Menge Erd-
nüsse oder Haselnüsse aus-
tauschen.

3 Den Teig mit den Händen kurz kneten.
Dabei die zerbrochenen Walnusshälften
unterkneten. Einen etwa 70 cm langen
Strang formen, auf ein mit Backpapier belegtes Blech legen, die Enden mit Wasser
anfeuchten und zusammendrücken. Den
Kranz abdecken und an einem warmen Ort
mindestens 30 Minuten gehen lassen; er
sollte deutlich an Volumen zunehmen.

4 Den Backofen auf höchster Stufe vorheizen. Ein tiefes Blech unten in den Ofen
schieben und mit rund 1/4 l kochendem Wasser füllen. Den Kranz auf der zweiten Schiene von unten in den Ofen schieben. Die
Temperatur auf 220 °C (Gas Stufe 3–4) einstellen, nach 10 Minuten auf 200 °C (Gas
Stufe 3) zurückschalten und den Brotkranz
noch etwa 20 Minuten backen.

Kartoffelfladen

1 Die Kartoffeln waschen und in Salzwasser in 20–30 Minuten weich kochen. Die Kartoffeln aus dem Topf nehmen, ausdampfen lassen und schälen; durch eine Kartoffelpresse drücken und abkühlen lassen.

2 Die Hefe im lauwarmen Wasser auflösen. Das Mehl in eine Schüssel geben. Den Hefeansatz, das Vitamin-C-Pulver, 4 TL Salz und die Kartoffeln dazugeben. Alles mit den Knethaken des Handrührgeräts mischen und dann den Teig auf einer bemehlten Arbeitsfläche mit den Händen kneten.

3 Den Teig in 2 Hälften teilen und aus jedem Teigstück einen kleinen runden Fladen formen. Die Fladen auf zwei mit Backpapier belegte Bleche legen, mit Mehl bestäuben und abdecken. Die Fladen etwa 45 Minuten gehen lassen.

4 Den Backofen auf höchster Stufe vorheizen. Ein tiefes Blech unten in den Ofen schieben und mit etwa 300 ml kochendem Wasser auffüllen. Den ersten Fladen auf der mittleren Schiene in den Ofen schieben. Die Temperatur auf 200 °C (Gas Stufe 3) einstellen und den Fladen etwa 25 Minuten backen. Inzwischen das zweite Brot kühl stellen.

5 Das erste Brot aus dem Ofen nehmen und das zweite auf die gleiche Weise backen.

Zutaten

300 g Kartoffeln · etwas Salz
20 g Trockenhefe · 320 ml lauwarmes Wasser · 600 g Weizenmehl Type 1050 · 1 Msp. Vitamin-C-Pulver · 4 TL Salz · etwas Weizenmehl für die Arbeitsfläche und zum Bestäuben

etwa 600 ml kochendes Wasser für den Ofen

Für 2 Fladen
Zubereitungszeit: ca. 45 Min.
Garzeit: ca. 30 Min.
Zeit zum Gehen: ca. 45 Min.
Backzeit je Fladen:
ca. 30 Min.
ca. 1130 kcal je Fladen

Sauerteig ⊖
Hefe ⊕
Backferment ⊖
Nüsse/Samen ⊖
Vollkorn ⊖
Ballastst. ⊖
einfach ⊖
für Gäste ⊕

Brötchen, Stangen, Stuten & Co.

Zutaten

$^1/_2$ Würfel frische Hefe (ca. 20 g) ·
1 TL flüssiger Honig ·
300 ml lauwarmes Wasser ·
500 g Weizenmehl Type 1050

75 g Flüssigsauerteig · 1 geh. TL
Salz · 100 g Kürbiskerne ·
etwas Weizenmehl für die Arbeitsfläche

etwas Margarine fürs Backblech
etwa $^1/_4$ l kochendes Wasser für
den Ofen

Für 2 Stangen
Zubereitungszeit: ca. 30 Min.
Zeit zum Gehen: ca. 1 $^1/_2$ Std.
Backzeit: ca. 30 Min.
ca. 1250 kcal je Stange

Kürbiskernstangen

- ⊕ Sauerteig
- ⊕ Hefe
- ⊖ Backferment
- ⊕ Nüsse/Samen
- ⊖ Vollkorn
- ⊖ Ballastst.
- ⊕ einfach
- ⊕ für Gäste

1 Die Hefe und den Honig im Wasser auflösen. Das Mehl in eine große Schüssel geben.

2 Den Sauerteig, das Salz und die Kürbiskerne dazugeben und alles mischen. Den Hefeansatz dazugeben und alles mit den Händen zu einem geschmeidigen, glatten Teig verkneten. Den Teig auf einer bemehlten Arbeitsplatte weitere 5 Minuten kneten.

3 Den Teig zu einem Kloß formen, wieder in die Schüssel legen und diese verschließen. Den Teig an einem warmen Ort etwa 30 Minuten gehen lassen.

4 Den Teig erneut gut kneten und dann in 2 Stücke teilen. Die Stücke zu etwa 30 cm langen, dünnen Stangen rollen und diese auf ein gefettetes Backblech legen. Die Stangenbrote mehrmals mit einem Messer einschneiden, mit Wasser bepinseln, abdecken und etwa 45 Minuten gehen lassen. Ihr Volumen sollte sich verdoppeln.

5 Den Backofen auf höchster Stufe vorheizen. Ein tiefes Blech unten in den Ofen schieben und mit $^1/_4$ l kochendem Wasser füllen. Das Blech mit den Broten auf der zweiten Schiene von unten in den Ofen schieben. Die Temperatur auf 240 °C (Gas Stufe 4–5) einstellen. Die Brote etwa 30 Minuten backen. Kurz vor Ende der Backzeit mit warmem Wasser besprühen.

Tipp
Durch den Sauerteig bekommen die Brote einen kräftigeren Geschmack. Als Triebmittel fungiert in erster Linie die Hefe. Wenn Sie die Brote lieber etwas milder mögen, lassen Sie den Sauerteig weg. Sie müssen dann ein wenig mehr Wasser nehmen. Geben Sie die Menge langsam zu, so merken Sie am besten, wie viel das Mehl aufnehmen kann.

Roggenstangen

Zutaten

150 g Sonnenblumenkerne ·
450 g Roggenmehl Type 1370
oder 1150 · 250 g Weizenmehl
Type 1050 · 10 g Trockensauerteig · 3 TL Salz · 1 EL Lecithin
³/₄ Würfel frische Hefe (ca. 30 g) ·
1 TL Zucker · ¹/₂ l Wasser
etwas Roggenmehl für die Arbeitsfläche und zum Bestäuben
etwa 300 ml kochendes Wasser
für den Ofen

Für 4 Stangen
Zubereitungszeit: ca. 25 Min.
Zeit zum Gehen: ca. 1 ³/₄ Std.
Backzeit: ca. 40 Min.
ca. 910 kcal je Stange

1 Die Sonnenblumenkerne in einer saube-
ren Kaffee- oder Käsemühle oder einer
Küchenmaschine grob mahlen. Roggen- und
Weizenmehl sowie Trockensauerteig, Salz,
Lecithin und Sonnenblumenkerne in einer
großen Schüssel mischen.

2 Die Hefe zerbröseln und mit dem Zucker
im Wasser auflösen. Den Hefeansatz mit
den Knethaken eines Handrührgeräts unter
das Mehlgemisch arbeiten.

3 Den Teig auf einer bemehlten Arbeitsfläche mit den Händen etwa 10 Minuten
kneten. Den Teig in die Schüssel zurücklegen, diese gut verschließen und den Teig an
einem warmen Ort etwa 1 ¹/₄ Stunde gehen
lassen.

4 Den Teig mit den Händen kurz kneten.
In 4 gleich große Stücke teilen und jedes
Stück zu einem etwa 30 cm langen Strang
formen. Die Stücke auf ein mit Backpapier
belegtes Blech legen, mit Wasser bestreichen, mit einem Messer mehrmals schräg
einschneiden und mit Roggenmehl bestäuben. Alles abdecken und die Stangen an einem warmen Ort mindestens 30 Minuten
gehen lassen.

5 Den Backofen auf höchster Stufe vorheizen. Ein tiefes Blech unten in den Ofen
schieben und mit etwa 300 ml kochendem
Wasser füllen. Die Stangen auf der zweiten
Schiene von unten in den Ofen schieben.
Die Temperatur auf 220 °C (Gas Stufe 3–4)
einstellen, nach 15 Minuten auf 190 °C (Gas
Stufe 2–3) zurückschalten und die Stangen
noch etwa 25 Minuten backen. Kurz vor
Ende der Backzeit mit warmem Wasser besprühen.

Sauerteig ⊕

Hefe ⊕

Backferment ⊖

Nüsse/Samen ⊕

Vollkorn ⊖

Ballastst. ⊕

einfach ⊕

für Gäste ⊕

Buttermilch-Safran-Schnecken

- Sauerteig
- Hefe
- Backferment
- Nüsse/Samen
- Vollkorn
- Ballastst.
- einfach
- für Gäste

Zutaten

³/₄ Würfel frische Hefe (ca. 30 g) ·
400 ml Buttermilch ·
¹/₄ TL Safranfäden · 2 ¹/₂ TL Salz
500 g Weizenmehl Type 550 ·
¹/₄ TL gem. Koriander ·
2 EL weiche Margarine · etwas
Weizenmehl für die Arbeitsfläche
1 EL geschälte Sesamsamen ·
1 EL Mohnsamen

Für 2 Schnecken
Zubereitungszeit: ca. 40 Min.
Zeit zum Gehen: ca. 1 ³/₄ Std.
Backzeit je Brot: ca. 25 Min.
ca. 1130 kcal je Schnecke

1 Die Hefe in der Buttermilch auflösen und die Safranfäden mit dem Salz in einem Mörser verreiben.

2 Das Weizenmehl, den Safran, den Hefeansatz, den Koriander und die Margarine in eine Schüssel geben und alles mit den Knethaken eines Handrührgeräts mischen. Den Teig auf einer bemehlten Arbeitsfläche mit den Händen zu einem glatten, elastischen Teig verkneten.

3 Den Teig in die Schüssel legen, abdecken und an einem warmen Ort etwa 1 Stunde gehen lassen.

4 Den Teig in 2 Teile teilen und zu etwa 60 cm langen dünnen Strängen ziehen. Diese schneckenhausförmig „aufwickeln" und auf 2 mit Backpapier belegte Backbleche legen. Die Teigschnecken abdecken und an einem warmen Ort weitere 40 Minuten gehen lassen. Das Volumen sollte sich verdoppeln.

5 Den Backofen auf höchster Stufe vorheizen. Die Schnecken mit Wasser bestreichen. Eine Teigschnecke mit Sesam, die andere mit Mohn bestreuen.

6 Zunächst das erste Brot auf der zweiten Schiene von unten in den Ofen schieben und die Temperatur auf 200 °C (Gas Stufe 3) einstellen. Das zweite Brot kühl stellen. Die Teigschnecke etwa 25 Minuten backen. Kurz vor Ende der Backzeit das Brot mit warmem Wasser besprühen. Ist das erste Brot fertig, das zweite ebenso backen.

Zutaten

$^1/_2$ Würfel frische Hefe (ca. 20 g) ·
4 EL Zucker · 290 ml lauwarme
Milch · 500 g Weizenmehl Type
405 · 2 EL Öl · $^1/_2$ TL Salz · etwas
Weizenmehl für die Arbeitsfläche

Für 16 Bagels
Zubereitungszeit: ca. 1 Std.
Zeit zum Gehen: ca. 2 Std.
Backzeit: ca. 15 Min.
ca. 150 kcal je Bagel

Bagels

1 Die Hefe und 2 EL Zucker in der Milch
auflösen. Das Weizenmehl in eine Schüssel geben, den Hefeansatz, das Öl und das
Salz dazugeben. Alles mit den Knethaken
eines Handrührgeräts zu einem glatten Teig
verkneten. Den Teig auf einer bemehlten
Arbeitsfläche mit den Händen etwa 10 Minuten kneten.

2 Den Teig in eine Schüssel legen, diese
verschließen und den Teig an einem warmen Ort etwa 1 Stunde gehen lassen. Das
Volumen sollte sich verdoppeln.

3 Den Teig herausnehmen, auf einer bemehlten Arbeitsfläche kurz durchkneten
und in 16 Stücke teilen. Aus jedem Stück
eine etwa 20 cm lange, daumendicke Rolle
formen und diese zu einem Ring schließen.
Die Ringe auf ein Backpapier legen und
etwa 1 Stunde gehen lassen. Ihr Volumen
sollte sich erneut verdoppeln und die Bagels müssen schön prall sein.

4 Den Backofen auf 240 °C (Gas Stufe 4–5)
vorheizen. In einem großen Topf reichlich
Wasser mit den restlichen 2 EL Zucker zum
Kochen bringen. Die Bagels ins Wasser geben und etwa 20 Sekunden kochen lassen,
dabei einmal mit einem Schaumlöffel wen-
den. Die Bagels quellen leicht auf. Da sie
sich im Wasser nicht berühren dürfen, immer nur 2–3 Bagels gleichzeitig brühen.

5 Die Bagels mit einem Schaumlöffel herausnehmen und auf ein mit Backpapier
belegtes Backblech legen. Die Bagels auf
der zweiten Schiene von unten in den Ofen
schieben und 10–15 Minuten backen, sodass
sie eine schöne braune Kruste bekommen.

Sauerteig ⊖

Hefe ⊕

Backferment ⊖

Nüsse/Samen ⊖

Vollkorn ⊖

Ballastst. ⊖

einfach ⊖

für Gäste ⊕

Bagels
Dieses in Amerika so belieb-
te Gebäck ist jüdischen Ur-
sprungs. Meist werden die
„Kringel" aufgeschnitten und
herzhaft oder süß belegt.

Italienisches Rosmarinweißbrot

1 Die Rosmarinzweige waschen und trockentupfen. Die Blätter von den Stielen abzupfen und grob hacken. Sie benötigen etwa 3 EL.

2 Pizza- und Weizenmehl, Salz, Rosmarin und Öl in einer großen Schüssel vermischen. Die Hefe zerbröseln und mit dem Zucker im Wasser auflösen. Den Hefeansatz mit den Knethaken eines Handrührgeräts unter das Mehlgemisch arbeiten.

3 Den Teig auf einer bemehlten Arbeitsfläche mit den Händen etwa 10 Minuten kneten. Den Teig in die Schüssel zurücklegen, diese gut verschließen und den Teig an einem warmen Ort mindestens 45 Minuten gehen lassen.

4 Den Teig mit den Händen kräftig kneten, auf einer bemehlten Arbeitsfläche etwa 2 cm dick ausrollen und zu einem länglichen Laib aufwickeln. Das Brot mit der Naht nach unten auf ein gefettetes Blech legen, abdecken und an einem warmen Ort etwa 45 Minuten gehen lassen. Es sollte deutlich an Volumen zunehmen.

5 Den Backofen auf höchster Stufe vorheizen. Das Blech auf der zweiten Schiene von unten in den Ofen schieben. Die Temperatur auf 220 °C (Gas Stufe 3–4) einstellen, nach 15 Minuten auf 190 °C (Gas Stufe 2–3) zurückschalten und das Brot noch etwa 35 Minuten backen. Es sollte braun, aber nicht zu dunkel sein.

Zutaten

2 Zweige frischer Rosmarin
350 g Pizzamehl · 350 g Weizenmehl Type 812 oder 550 ·
3 TL Salz · 7 EL Olivenöl ·
$^3/_4$ Würfel frische Hefe (ca. 30 g) ·
2 TL Zucker · 400 ml lauwarmes Wasser
etwas Weizenmehl für die Arbeitsfläche und zum Ausrollen
etwas Olivenöl für das Blech

Für 1 Brot (25 Scheiben)
Zubereitungszeit: ca. 30 Min.
Zeit zum Gehen: ca. 1 $^1/_2$ Std.
Backzeit: ca. 50 Min.
ca. 130 kcal je Scheibe

Variationen

Statt oder zusätzlich zum Rosmarin können rund 6 EL entsteinte und grob gehackte Oliven oder bis zu 6 EL fein gehackte getrocknete und in Öl eingelegte Tomaten unter den Brotteig gegeben werden.

Pizzamehl

Dabei handelt es sich um ein Weizenmehl der Type 405, das aus speziellen Weizensorten hergestellt wird. Sie enthalten vor allem mehr Klebereiweiß, das den Teig besonders elastisch macht und ihm hervorragende Backfähigkeit verleiht. Pizzamehl kann durch ein doppelgriffiges Weizenmehl der Type 405 (auch Hefegebäckmehl) ersetzt werden.

Zutaten

15 g frische Hefe ·
450 ml lauwarmes Wasser ·
750 g Weizenmehl Type 550

3 TL Salz

etwas Weizenmehl für die Arbeitsfläche und zum Bestäuben

Für 2 Brote
Zubereitungszeit: ca. 30 Min.
Zeit zum Gehen: ca. 17 ¹/₂ Std.
Backzeit je Brot: ca. 35 Min.
ca. 1290 kcal je Brot

Ciabatta

- ○ Sauerteig
- ● Hefe
- ○ Backferment
- ○ Nüsse/Samen
- ○ Vollkorn
- ○ Ballastst.
- ● einfach
- ● für Gäste

1 Etwa 10 g Hefe in 300 ml lauwarmem Wasser auflösen. Etwa 600 g Weizenmehl in eine Schüssel geben, den Hefeansatz zugeben, alles gut mit einem Holzlöffel verrühren und die Schüssel verschließen. Den Teig im Kühlschrank etwa 16 Stunden lang gehen lassen.

2 Die restlichen 5 g Hefe in 150 ml Wasser auflösen. Den Teig etwas auseinander reißen. Den Hefeansatz, die restlichen 150 g Weizenmehl und das Salz dazugeben. Alles in der Schüssel mit den Händen etwa 10 Minuten kneten. Der Teig ist zunächst recht feucht, wird dann aber elastischer und löst sich von der Schüsselwand.

3 Den Teig zudecken und an einem warmen Ort etwa 30 Minuten gehen lassen. Dann den Teig auf einer bemehlten Arbeitsfläche mit den Händen erneut kurz kneten und 30 Minuten an einem warmen Ort gehen lassen.

4 Den noch leicht feuchten Teig in 2 Hälften teilen. Die Teigstücke etwas in die Länge ziehen und auf 2 mit Backpapier ausgelegte Backbleche legen. Den Teig mit Mehl bestäuben und mit den Händen wieder ein wenig in die Länge ziehen. Den Teig mit den Fingerkuppen etwas eindrücken und noch einmal etwa 30 Minuten gehen lassen.

5 Den Backofen auf 220 °C (Gas Stufe 3–4) vorheizen. Die Brote nacheinander jeweils etwa 35 Minuten backen.

Ciabatta
Der Namen des Brotes leitet sich von seiner Form ab; Ciabatta bedeutet Hausschuh oder Schlappen.

Tipps
==Statt der== Samen können Sie
==auch grob== gehackte Sonnen-
blumen- oder Kürbiskerne
unter den Teig geben.
In einer Blechdose gut verschlossen und kühl gelagert,
hält sich das Knäckebrot
über längere Zeit.

Skandinavisches Knäckebrot

1 Weizenvollkorn- und Roggenmehl, Samen, Trockensauerteig und Salz in einer
Schüssel vermischen. Die Hefe zerbröseln
und mit dem Zucker im Wasser auflösen.

2 Mit den Knethaken eines Handrührgeräts
Margarine und Hefeansatz unter das
Mehlgemisch arbeiten. Den Teig mit den
Händen etwa 10 Minuten kneten. Die Schüs-
sel verschließen und den Teig an einem
warmen Ort etwa 45 Minuten gehen lassen.

3 Den Teig mit den Händen kurz kneten, in
2 Hälften teilen und jedes Stück auf
Backpapier zu einem Rechteck von etwa
30 x 40 cm ausrollen. Das Backpapier auf
Bleche legen. Den Teig mit einer Gabel
gleichmäßig einstechen und in je 12 Stücke
schneiden. Alles bedecken und an einem
warmen Ort etwa 30 Minuten gehen lassen.

4 Den Backofen auf 220 °C (Gas Stufe 3–4)
vorheizen. Die Bleche in den Ofen schieben und das Knäckebrot bei 180 °C Umluft
25–30 Minuten backen. Aus dem Ofen nehmen und auf einem Gitterrost abkühlen
lassen.

Zutaten

350 g feines Weizenvollkornmehl ·
200 g Roggenmehl Type 1150 ·
je 2 EL Sesamsamen, Mohnsamen und Leinsamen · 2 EL
Trockensauerteig · 2 TL Salz ·
$3/4$ Würfel frische Hefe (ca. 30 g) ·
2 TL Zucker · 300 ml lauwarmes
Wasser

60 g zerlassene Margarine

Für 24 Stück
Zubereitungszeit: ca. 35 Min.
Zeit zum Gehen: ca. 1 ¼ Std.
Backzeit: ca. 25 Min.
ca. 110 kcal je Stück

Sauerteig ✪
Hefe ✪
Backferment ⊖
Nüsse/Samen ✪
Vollkorn ⊖
Ballastst. ✪
einfach ✪
für Gäste ✪

Süditalienisches Sauerteigbrot

- Sauerteig
- Hefe
- Backferment
- Nüsse/Samen
- Vollkorn
- Ballastst.
- einfach
- für Gäste

Zutaten

1 EL probiotischer Naturjoghurt ·
450 ml lauwarmes Wasser ·
800 g Weizenmehl Type 550
oder 1050

3 TL Salz · etwas Weizenmehl für
die Arbeitsfläche, zum Ausrollen
und zum Bestäuben

etwas Olivenöl für das Blech

Für 1 Brot (30 Scheiben)
Zubereitungszeit: ca. 45 Min.
Zeit zum Gären: ca. 4 Tage
Zeit zum Gehen: ca. 45 Min.
Backzeit: ca. 40 Min.
ca. 100 kcal je Scheibe

1 Joghurt, 100 ml Wasser und 50 g Weizenmehl klumpenfrei verrühren und alles in ein sauberes Schraubglas geben. Das Glas gut verschließen und den Ansatz bis zu 3 Tage (maximal 72 Stunden) an einem warmen Ort (28 °C) gären lassen. Das Ganze ab und zu umrühren.

2 Wenn der Teig deutlich gärt und säuerlich riecht, erneut 100 ml Wasser und 50 g Weizenmehl unterrühren. Das Glas verschließen und den Ansatz an einem warmen Ort (28 °C) etwa 1 Tag (maximal 24 Stunden) gären lassen.

3 Sobald vermehrt Gärblasen aufsteigen und das Ganze sauer riecht, kann der Ansatz weiterverarbeitet werden. Die restlichen 750 g Weizenmehl und das Salz in einer großen Schüssel mischen. Den Sauerteigansatz und die restlichen 250 ml Wasser mit den Knethaken eines Handrührgeräts darunterarbeiten. Das Ganze auf einer bemehlten Arbeitsfläche mit den Händen etwa 10 Minuten kneten.

4 Den Teig in die Schüssel zurücklegen und diese verschließen. An einem warmen Ort (28 °C) 4–5 Stunden gären und gehen lassen.

5 Wenn „Bewegung" im Teig ist und er an Volumen zugenommen hat, den Teig auf einer bemehlten Arbeitsfläche etwa 5 Minuten mit den Händen kneten. Anschließend den Teig etwa 2 cm dick ausrollen und zu einem länglichen Laib aufwickeln. Das Brot mit der Naht nach unten auf ein gefettetes Blech legen, mit Weizenmehl bestäuben, abdecken und an einem warmen Ort etwa 45 Minuten gehen lasen.

6 Den Backofen auf höchster Stufe vorheizen. Das Brot auf der zweiten Schiene von unten in den Ofen schieben. Die Temperatur auf 220 °C (Gas Stufe 3–4) einstellen, nach 10 Minuten auf 190 °C (Gas Stufe 2–3) herunterschalten und das Brot noch etwa 30 Minuten backen. Kurz vor Ende der Backzeit mit warmem Wasser besprühen.

Sauerteigweißbrot
Nach alter Tradition wird im Süden Italiens täglich frisches Weißbrot aus reinem Sauerteig gebacken. Dabei wird immer ein Stück des Teigs aufbewahrt, um am nächsten Tag den neuen Teig damit ansetzen zu können und ihn schnell zum Gären zu bringen. Auch in anderen Ländern Südeuropas wird heute wieder vermehrt Weizensauerteigbrot gebacken.

Türkisches Fladenbrot

Zutaten

500 g Weizenmehl Type 550 ·
2 TL Salz · $1/4$ TL Vitamin-C-Pulver ·
$1/2$ Würfel frische Hefe (ca. 20 g) ·
1 TL Zucker · 300 ml lauwarmes
Wasser

etwas Weizenmehl für die Arbeitsfläche und zum Ausrollen

etwas Olivenöl für das Blech

1 EL Sesam ·
1 TL Schwarzkümmel

Für 2 Fladenbrote
Zubereitungszeit: ca. 35 Min.
Zeit zum Gehen: ca. 1 $1/4$ Std.
Backzeit je Brot: ca. 25 Min.
ca. 980 kcal je Fladen

1 Weizenmehl, Salz und Vitamin-C-Pulver in einer Schüssel vermischen. Die Hefe zerbröseln und mit dem Zucker im Wasser auflösen. Den Hefeansatz mit den Knethaken eines Handrührgeräts unter die Mehlmischung arbeiten.

2 Den Teig auf einer bemehlten Arbeitsfläche gut 10 Minuten kneten. In die Schüssel legen und diese gut verschließen. Den Teig an einem warmen Ort etwa 45 Minuten gehen lassen.

3 Den Teig etwa 5 Minuten kneten, dann halbieren und jedes Teigstück auf einer bemehlten Arbeitsfläche zu einem Fladen mit etwa 24 cm Ø ausrollen. Die Fladen auf gefettete Bleche legen, gitterförmig einritzen und mit etwas Wasser bestreichen. Sesam und Schwarzkümmel darüber streuen und leicht festdrücken.

4 Die Brote zudecken und das erste Brot an einem warmen Ort mindestens 30 Minuten gehen lassen. Es muss deutlich an Volumen zunehmen. Das andere Brot kühl stellen.

5 Den Backofen auf höchster Stufe vorheizen. Das erste Brot auf der zweiten Schiene von unten in den Ofen schieben. Die Temperatur auf 200 °C (Gas Stufe 3) einstellen, nach 10 Minuten auf 190 °C (Gas Stufe 2–3) zurückschalten und das Brot noch etwa 15 Minuten backen.

6 Inzwischen das zweite Brot an einem warmen Ort gehen lassen. Das erste Brot aus dem Ofen nehmen und das zweite backen.

Zutaten

$^1/_4$ Würfel frische Hefe (ca. 10 g) ·
$^1/_2$ TL Zucker · 375 ml lauwarmes
Wasser · 20 g Butter

500 g Weizenmehl Type 550 ·
1 Msp. Vitamin-C-Pulver ·
2 TL Salz · etwas Weizenmehl für
die Arbeitsfläche

etwa $^1/_4$ l kochendes Wasser für
den Ofen · 1 TL Weizenstärke

Für 4 Baguettes
Zubereitungszeit: ca. 45 Min.
Zeit zum Gehen: ca. 2 Std.
Backzeit: ca. 35 Min.
ca. 480 kcal je Baguette

2 EL Röstzwiebeln pro Baguette

Baguette

1 Die Hefe und den Zucker in 300 ml lauwarmem Wasser auflösen. Die Butter schmelzen und wieder abkühlen lassen.

2 Das Weizenmehl in eine große Schüssel geben. Hefeansatz, Butter, Vitamin-C-Pulver und Salz zum Mehl geben. Alles mit dem Knethaken eines Handrührgeräts verkneten. Den Teig herausnehmen und auf einer bemehlten Arbeitsfläche weitere 10 Minuten mit den Händen kneten.

3 Den Teig wieder zurück in die Schüssel legen, diese verschließen und den Teig an einem warmen Ort etwa 1 Stunde gehen lassen.

4 Den Teig herausnehmen, erneut kurz kneten und in 4 Stücke teilen. Jedes Teigstück zu einer etwa 30 cm langen dünnen Stange formen.

5 Vom Backpapier 4 etwa 14 cm breite Streifen abschneiden. Die Streifen an beiden Längsseiten etwa 4 cm hoch knicken, sodass eine Art Wanne entsteht. Die Streifen nebeneinander auf das Backblech legen und die Teigstangen in die „Wannen" legen. Die Stangen mit Wasser bestreichen und etwa 1 Stunde an einem warmen Ort gehen lassen. Ihr Volumen sollte sich verdoppeln.

6 Den Backofen auf höchster Stufe vorheizen. Ein tiefes Blech unten in den Ofen schieben und mit etwa $^1/_4$ l kochendem Wasser füllen. Die Baguettes auf der zweiten Schiene in den Ofen schieben, die Temperatur auf 220 °C (Gas Stufe 3–4) einstellen und die Brote etwa 20 Minuten backen. Etwa 15 Minuten vor Ende der Backzeit 75 ml lauwarmes Wasser und Stärke verrühren. Die Brote damit bestreichen.

Sauerteig ⊖
Hefe ⊕
Backferment ⊖
Nüsse/Samen ⊖
Vollkorn ⊖
Ballastst. ⊖
einfach ⊕
für Gäste ⊕

Zutaten

1 EL Fenchelsamen ·
350 g Roggenmehl Type 1150 ·
175 g Weizenmehl Type 1050 ·
2 TL Salz · 1 EL Trockensauerteig ·
$^3/_4$ Würfel frische Hefe (ca. 30 g) ·
1 EL flüssiger Honig ·
340 ml lauwarmes Wasser
etwas Roggenmehl für die Arbeitsfläche und zum Bestäuben
etwa $^1/_4$ l kochendes Wasser für den Ofen

Für 3 Fladenbrote
Zubereitungszeit: ca. 30 Min.
Zeit zum Gehen: ca. 1 $^1/_4$ Std.
Backzeit: ca. 30 Min.
ca. 640 kcal je Brot

Vinschgauer Fladenbrot

- Sauerteig
- Hefe
- Backferment
- Nüsse/Samen
- Vollkorn
- Ballastst.
- einfach
- für Gäste

1 Den Fenchel in einer sauberen Kaffee- oder Gewürzmühle fein mahlen. Roggen- und Weizenmehl, Salz, Trockensauerteig und Fenchel in einer großen Schüssel vermischen. Die Hefe zerbröseln und zusammen mit dem Honig im lauwarmen Wasser auflösen. Den Hefeansatz mit den Knethaken eines Handrührgeräts unter die Mehlmischung arbeiten.

2 Den Teig auf einer bemehlten Arbeitsfläche etwa 10 Minuten mit den Händen kneten. Den Teig in die Schüssel legen und diese gut verschließen. Den Teig an einem warmen Ort mindestens 45 Minuten gehen lassen.

3 Den Backofen auf höchster Stufe vorheizen. Den Teig auf einer bemehlten Arbeitsfläche mit den Händen kurz kneten und in 3 Stücke teilen. Die Stücke auf einer be-

mehlten Fläche zu Fladen mit etwa 17 cm Ø ausrollen. Die Fladen auf ein mit Backpapier belegtes Blech legen, mit einem Holzspieß mehrfach einstechen und mit etwas Roggenmehl bestäuben.

4 Die Fladen abdecken und an einem warmen Ort mindestens 30 Minuten gehen lassen. Ein tiefes Blech unten in den Ofen schieben und mit etwa $^1/_4$ l kochendem Wasser füllen. Die Fladen auf der zweiten Schiene von unten in den Ofen schieben. Die Temperatur auf 190 °C (Gas Stufe 2–3) zurückschalten und die Fladen etwa 30 Minuten backen.

Tipp
Tortillas passen besonders gut zu den verschiedenen scharfen Salsas oder zu Bohnengerichten der Tex-Mex-Küche. Mehl, entweder Weizen oder Mais, und Wasser sind die Grundlage. Während der Weizen aufgrund seines Klebers leicht zu verarbeiten ist, bleibt der Teig mit Mais recht brüchig. Der Maisteig wird meist in einer speziellen Tortillapresse zu dünnen Fladen gepresst. Will man ihn ausrollen, muss man ihn zwischen zwei Plastikfolien legen und darf ihn nicht so groß wie die Weizentortillas ausrollen.

Weizentortillas

Zutaten

300 g Weizenmehl Type 405 · ca. 150 ml kaltes Wasser

etwas Weizenmehl zum Ausrollen

etwas Erdnussöl zum Ausbacken

Für 12 Tortillas
Zubereitungszeit: ca. 30 Min.
Zeit zum Ruhen: ca. 3 Std.
Backzeit: ca. 45 Min.
ca. 100 kcal je Tortilla

1 Das Weizenmehl in eine Schüssel geben. Das Wasser langsam dazu geben und mit den Händen unter den Teig arbeiten. Nur so viel Wasser verwenden, wie der Teig aufnehmen kann. Er darf nicht zu feucht werden.

2 Den Teig etwa 5 Minuten mit den Händen gut kneten, er sollte ganz glatt sein. In eine Schüssel legen, diese verschließen und den Teig 2–3 Stunden bei Zimmertemperatur ruhen lassen.

3 Den Teig herausnehmen in 8 Stücke teilen und jedes Stück auf einer bemehlten Arbeitsfläche zu einem sehr dünnen Fladen mit 30 cm Ø ausrollen.

4 Eine gusseiserne Pfanne erhitzen, etwas Öl hineingeben und die Fladen nacheinander bei mittlerer Hitze von beiden Seiten backen. Dabei entstehen Blasen, die aber nicht zu dunkel werden dürfen.

Sauerteig ⊖
Hefe ⊖
Backferment ⊖
Nüsse/Samen ⊖
Vollkorn ⊖
Ballastst. ⊖
einfach ⊕
für Gäste ⊕

Alphabetisches Rezeptverzeichnis